L'ENCYCLO
MANGA

Mers et océans

Traduit par **Françoise Nagel** et **Lim Yeong-Hee**
Relecture scientifique par **Gérard Eldin**

M6 EDITIONS

초등과학학습만화 Why? 바다

Édition originale **"WHY ? The Sea"**

Supervisé par **Han, Sang-Jun**
Écrit par **Lee, Kwang-Woong**
Dessiné par **Kim, Kwang-Ho**

E=M6 ®
89, avenue Charles-de-Gaulle
92575 Neuilly-sur-Seine Cedex

ISBN : 978-2-35985-014-7

Crédits photographiques :
Couverture : © rangiroa / fotolia
page 13 : © Pedro Amorós / fotolia
page 31 : © Ralph Gosch/ fotolia
page 135 : © pandore /fotolia
page 140 : © serge_nouchi / fotolia

Préface

Mers et océans

L'océan, vaste et bleu, ne manque jamais de nous étonner. La mer est à l'origine de toute vie. Les premières créatures terrestres sont nées dans la mer. Depuis des centaines de millions d'années, elle nourrit une multitude d'êtres vivants. Aujourd'hui, un grand nombre d'espèces animales et végétales vivent dans la mer, chacune dans son habitat spécifique.

La mer a un rôle très important. Les océans, qui occupent 70 % de la surface terrestre, relient les continents entre eux grâce aux routes maritimes, et cela depuis toujours.

La mer contient des trésors sous forme de minéraux, de pétrole et de gaz naturel, et toutes sortes de poissons et d'oiseaux marins. De nombreux pays investissent beaucoup pour exploiter cette mine de ressources naturelles.
N'oublions jamais combien elle est précieuse et protégeons-la. La France étant bordée d'eau, nous sommes tout particulièrement concernés.

Aujourd'hui encore, les fonds marins recèlent des richesses. Jeune lecteur, tu fais partie des héros qui les découvriront.

Sommaire

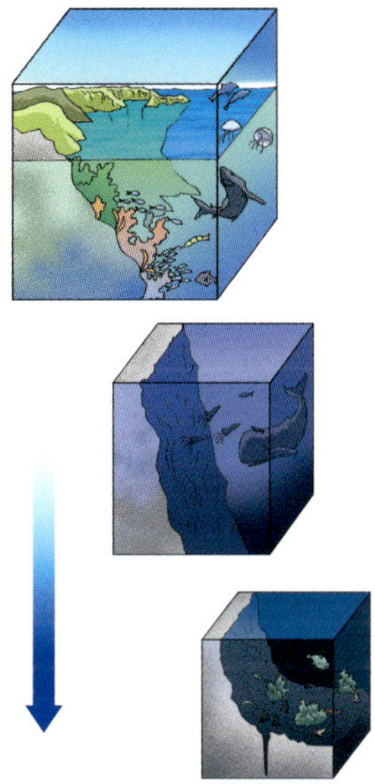

e=m6

L'ENCYCLO
MANGA

PERSONNAGES

Enzo
Il ne s'intéresse qu'aux trésors et ne pense qu'à manger. Il est espiègle, naïf et parfois maladroit.

Lise
Elle est jolie, intelligente et sensible. Elle aime se moquer d'Enzo, mais elle a bon cœur.

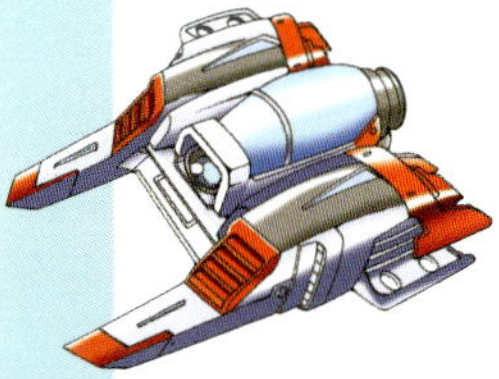

Tonton Rudy
C'est l'oncle d'Enzo. Comme il aime l'aventure, il part souvent à la recherche de vieilles épaves. Il connaît beaucoup de choses sur la mer.

Superdragon
Il rêve de devenir un vrai dragon, mais comme il est à la fois timide et malicieux, il reste à l'état de petit dragon. Depuis sa rencontre avec Enzo et ses amis, il change peu à peu.

LA CHASSE AU TRÉSOR !

SPLASH

UN MONSTRE !
AU SECOURS !
MAMAN !
À L'AIDE !

ENZO !
STOP
HEIN ?

TONTON !
TONTON !
MONTEZ À BORD, LES ENFANTS ! NOUS PARTONS EN VOYAGE.
OÙ ÇA ?
VITE ! DÉPÊCHEZ-VOUS !
TUUUT
TUUUT
SECURITE
SECURITE DES PLAGES
SECURITE
NE BOUGEZ PLUS !
MONTEZ VITE ! IL NE FAUT PAS QU'IL NOUS ATTRAPE.

REVENEZ ! SINON, VOUS AUREZ AFFAIRE À MOI !
IL EST INTERDIT DE S'APPROCHER DE LA PLAGE EN BATEAU.
BYE BYE !
TAP
TAP
ALLONS AU MILIEU DE L'OCÉAN PACIFIQUE !
NON ! MES PARENTS VONT S'INQUIÉTER.
NE TE FAIS PAS DE SOUCI POUR ÇA. JE ME CHARGE DE LES APPELER !
ALLÔ ! C'EST MOI, RUDY.
ENZO ET LISE SONT AVEC MOI. COMME C'EST LES VACANCES, JE LES EMMÈNE EN VOYAGE... PAS DE PROBLÈME, TU SAIS QUE JE CONNAIS BIEN LA MER.
TOUT EST ARRANGÉ. NOUS POUVONS PRENDRE LE LARGE.
SUPER !
ÇA VOUS DIRAIT DE CHERCHER DES ÉPAVES ?
QUOI ? DES ÉPAVES ?

Un bateau qui transportait des porcelaines sous la dynastie Koryo a coulé au large de la Corée du Sud. Les porcelaines englouties dans les eaux n'ont refait surface que neuf siècles plus tard.

Une équipe de plongeurs du Musée océanographique coréen a remonté les céladons de Koryo.

Les porcelaines repêchées au large du Sinan, comté de la province de Jeolla.

La tragédie du *Titanic*

Le 14 avril 1912, le *Titanic*, luxueux paquebot britannique qui a pris la mer avec 2 200 passagers à son bord, heurte un iceberg dans l'Atlantique nord et sombre. La catastrophe fait 1 513 morts.
En 1985, soit soixante-quatorze ans après son naufrage, le *Titanic* refait son apparition grâce à l'*Argo*, traîneau sous-marin téléguidé d'une équipe franco-américaine.

Le *Titanic* photographié par le submersible habité, l'*Alvin*, en 1986.

* *l'Odyssey Explorer* a pour activité de localiser des navires coulés en eaux profondes.

NOUS AVONS BESOIN D'UNE CARTE MARINE ET D'ÉQUIPEMENTS SPÉCIAUX POUR PARTIR À LA CHASSE AU TRÉSOR.
QU'EST-CE QUE TU CROIS ? MON *DAUPHIN* A TOUT CE QU'IL FAUT. IL EST À LA POINTE DE LA TECHNOLOGIE.

COMMENÇONS PAR REGARDER LA CARTE AUX TRÉSORS EN 3 D.
WAOUH !

L'île de Guam
Des pirates auraient attaqué des bateaux anglais et ensev
leur butin dans l'île.
Asie
Au large des îles britanniques
Il paraît qu'il y a des trésors engloutis.
Europe
Le détroit de Corée
On dit qu'un navire russe transportant des objets précieux y a coulé.
Afrique
CARTE MARITIME DES TRÉSORS
Océanie
Une île des Philippines
On raconte qu'un trésor de pirates y est enterré.

IL Y EN A PARTOUT ! SI ON LES DÉCOUVRE TOUS... HI ! HI ! HI !
ARRÊTE, TU BAVES !
ALLONS-Y, TONTON RUDY !
Groënland
Amérique du Nord
L'île Cocos Les pirates y ont enfoui le produit de leurs pillages.
Une île du Canada On dit que les objets précieux d'un roi de France y sont cachés.
Amérique du Sud
Au large de l'Argentine Il paraît que des pirates ont coulé avec leur butin après avoir dépouillé des Indiens.
Les Bermudes De nombreux bateaux et avions y ont mystérieusement disparu.
C'EST PARTI !
VROUM !

RENCONTRE AVEC SUPERDRAGON

SPLASH...
JE SUIS UN VAGABOND SOLITAIRE. LA, LA, LA...
JE SUIS UN DRAGON DE MER...
TOUTE LA JOURNÉE, JE CHANTE DES CHANSONS TRISTES À PLEURER. AAAAH !
J'AIMERAIS TANT DEVENIR UN VRAI DRAGON, MAIS CHAQUE FOIS...
VLAN
JE RATE L'EXAMEN DE PASSAGE.
C'EST LA FAUTE DU JURY. J'AI EXIGÉ DE SAVOIR POURQUOI IL ME RECALAIT TOUT LE TEMPS.
TU N'AS PAS ENCORE LE NIVEAU.

POURQUOI? DONNEZ-MOI TROIS BONNES RAISONS.
D'ABORD, TU ES VILAIN. ENSUITE, TU ES PEUREUX.
POUR DEVENIR UN VRAI DRAGON, IL FAUT ÊTRE SAGE. MAIS TOI, TU N'ARRÊTES PAS DE FAIRE DES BÊTISES.
LESQUELLES, PAR EXEMPLE?
IL Y EN A PLUSIEURS. POUR COMMENCER, TU ARRIVES SOUVENT EN RETARD À L'ÉCOLE.
TU VOLES LE DÉJEUNER DE TES CAMARADES ET, À LA PLACE, TU REMPLIS LEUR BOÎTE À SANDWICH DE SABLE. TU TIRES SUR LES MOUSTACHES DES PHOQUES, QUAND ILS DORMENT, ET TU FAIS DES TRESSES AVEC LES TENTACULES DES POULPES. JE CONTINUE?
NON, PITIÉ!
ARRÊTEZ! J'AI COMPRIS. À PARTIR DE MAINTENANT, JE SERAI SAGE.
EUH, TU ES SÛR?
POUR L'INSTANT, ILS NE ME CROIENT PAS. MAIS JE LEUR MONTRERAI DE QUOI JE SUIS CAPABLE.
HEIN?
SLOOOSH
MALHEUR! IL Y A UN BATEAU PRIS DANS LA TROMBE D'EAU.

CATASTROPHE ! LE MOTEUR EST EN PANNE.
SLOOOSH
MAMAN !
HOP ! VOILÀ SUPERDRAGON !
QU'EST-CE QUE JE FAIS ? JE LES AIDE OU JE LES LAISSE SE DÉBROUILLER TOUT SEULS ?
S'ILS S'ÉCRASENT SUR LE ROCHER, CE SERA FINI POUR EUX. BON, J'Y VAIS !
ARRGGHH !
PING

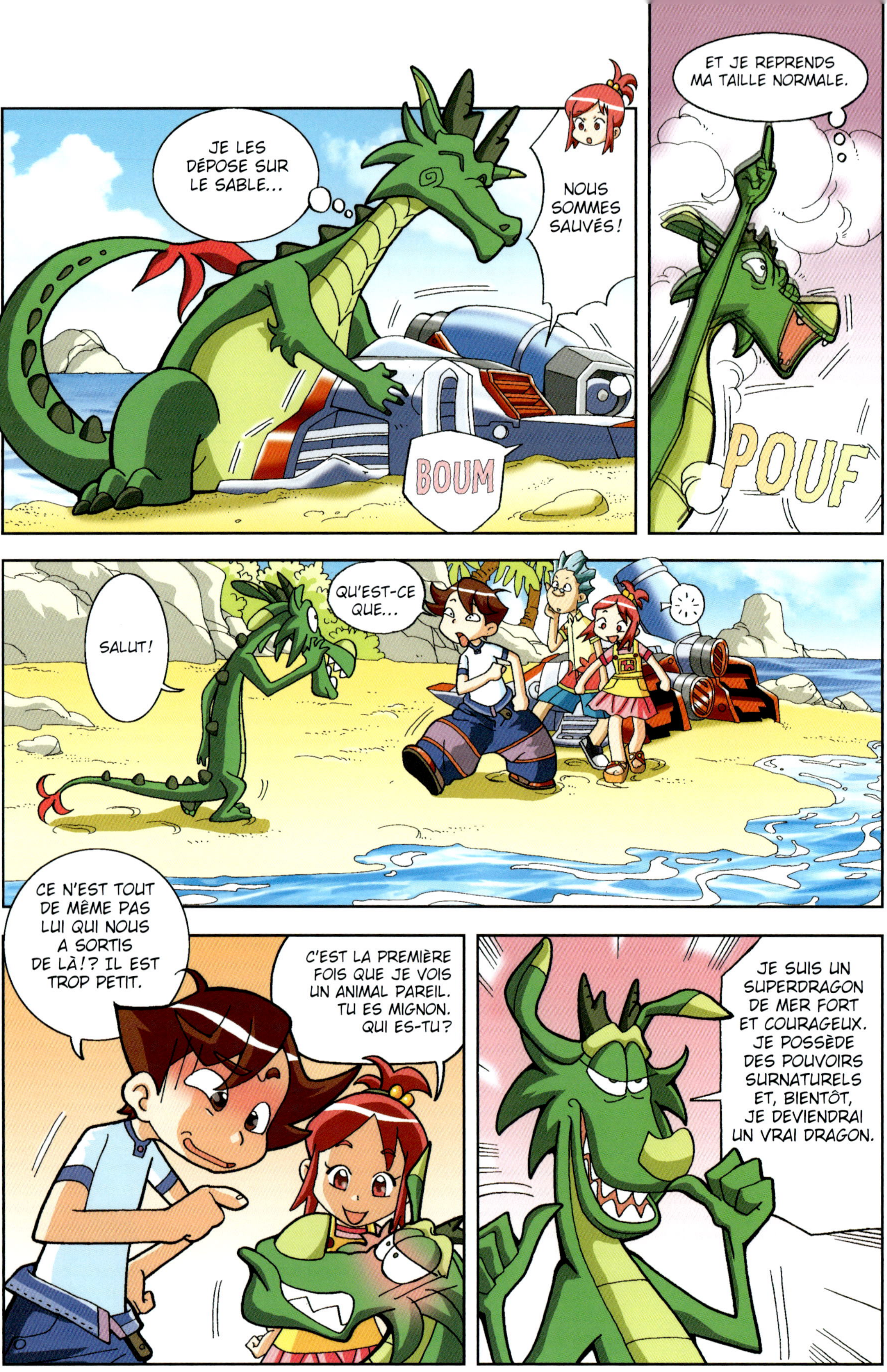
JE LES DÉPOSE SUR LE SABLE...
NOUS SOMMES SAUVÉS !
BOUM
ET JE REPRENDS MA TAILLE NORMALE.
POUF
SALUT !
QU'EST-CE QUE...
CE N'EST TOUT DE MÊME PAS LUI QUI NOUS A SORTIS DE LÀ !? IL EST TROP PETIT.
C'EST LA PREMIÈRE FOIS QUE JE VOIS UN ANIMAL PAREIL. TU ES MIGNON. QUI ES-TU ?
JE SUIS UN SUPERDRAGON DE MER FORT ET COURAGEUX. JE POSSÈDE DES POUVOIRS SURNATURELS ET, BIENTÔT, JE DEVIENDRAI UN VRAI DRAGON.

TU ES UN DRAGON DE MER COMME DANS LES LÉGENDES ?
TU AS VRAIMENT DES POUVOIRS SURNATURELS ?
EXACTEMENT !
LUI, UN SUPERDRAGON ? MON ŒIL !
PETIT INSOLENT !
J'AI TOUT DE MÊME 999 ANS !
OUPS !
TANT QUE ÇA ?
IL EST BEAUCOUP PLUS VIEUX QUE MA MÈRE.
PARFAITEMENT ! ALORS, UN PEU DE RESPECT, S'IL VOUS PLAÎT !
OK, GRAND-PÈRE !
"GRAND-PÈRE", ÇA ME GÊNE ! SOYONS JUSTE AMIS.
JE SUIS D'ACCORD !
MOI AUSSI.
CE SONT BIEN DES ENFANTS, ILS SE FONT FACILEMENT DES COPAINS.

COMMENT EST NÉE LA MER ?

VOUS AVIEZ L'INTENTION DE PARTIR SANS MOI ? EN VOILÀ DES FAÇONS DE TRAITER VOTRE SAUVEUR !
IL N'Y A QU'À VOTER.
JE SUIS CONTRE.
JE SUIS POUR.
BON, TANT PIS ! AU FAIT, TONTON, TU SAIS COMMENT ET À QUEL MOMENT EST NÉE LA MER ?
MAGNIFIQUE, CE PAYSAGE !
REGARDONS D'ABORD LE FILM QUI RACONTE LA NAISSANCE DE LA TERRE.
BIP !
La Terre est née, il y a environ 4,6 milliards d'années, d'un amas de gaz et de poussières. L'air était entièrement composé d'hélium et d'hydrogène.
LA CHALEUR ET LA PRESSION À L'INTÉRIEUR DE LA TERRE ÉTAIENT ÉNORMES À CAUSE DE LA CONTRACTION DE LA TERRE SUR ELLE-MÊME DUE À LA FORCE DE GRAVITÉ.
NE M'ÉCRASEZ PAS !
J'AI CHAUD !
JE FONDS !
J'ÉTOUFFE !
J'ÉTOUFFE !

LA TERRE A EXPLOSÉ !
ENSUITE, LA CROÛTE TERRESTRE S'EST REFROIDIE...
C'EST COMME ÇA QUE DES EXPLOSIONS SE SONT PRODUITES UN PEU PARTOUT ET QUE LA TERRE A CRACHÉ DES GAZ, DE LA VAPEUR ET DE LA LAVE.
... ET LA VAPEUR S'EST CONDENSÉE ET EST RETOMBÉE EN PLUIE.

Qu'est-ce que l'atmosphère ?
C'est l'enveloppe gazeuse qui entoure la Terre. Elle est composée de plusieurs couches de gaz de températures différentes.

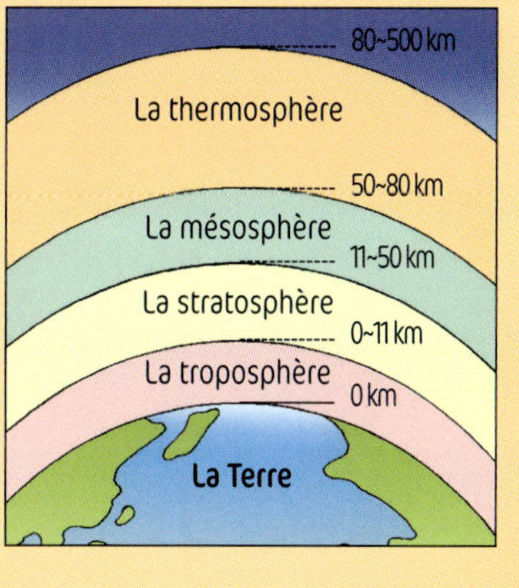

LA MER À L'ORIGINE DE LA VIE

Les créatures aquatiques primitives

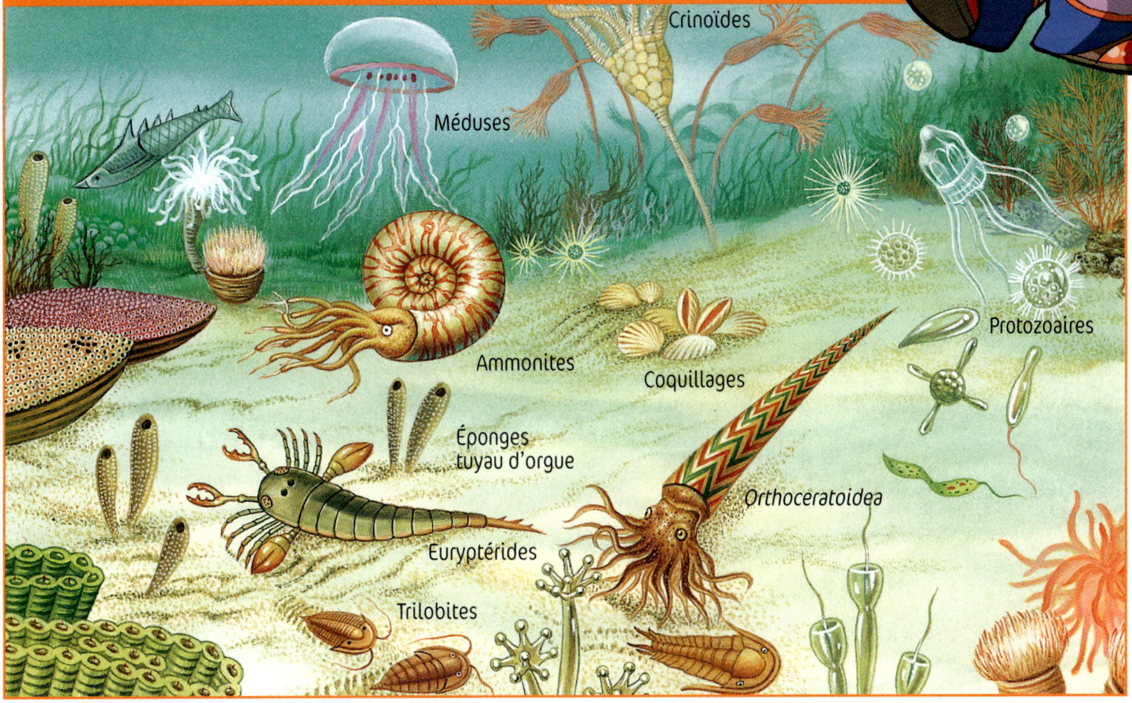

SUPERFICIE TOTALE DES OCÉANS

Continents et océans

TONTON, C'EST VRAI QUE LES OCÉANS SONT PLUS GRANDS QUE LES CONTINENTS ?
OUI, ABSOLUMENT !
PFF !
TU VOIS. POURQUOI TU NE ME CROIS PAS ?
LES MERS COUVRENT 360 MILLIONS DE KM^2 SOIT 2,4 FOIS LA SURFACE DES CONTINENTS.
Océan Arctique
Asie
Amérique du Nord
Hawaï
Îles Salomon
Océan Pacifique
Îles Galápagos
Océanie
Océan Antarctique
REGARDE L'AUTRE MOITIÉ DU GLOBE.
IL N'Y A PRESQUE PAS DE TERRE. CE N'EST QUE DE L'EAU.
LES OCÉANS SE DIVISENT EN TROIS GRANDS ENSEMBLES.
JE SAIS !
CE SONT LA MANCHE, LA MER JAUNE ET LA MER MORTE. C'EST BIEN ÇA ?
IL EST STUPIDE OU QUOI ?
UN PEU...
HEU !
ON CROIT RÊVER !

NON, CE SONT LES OCÉANS PACIFIQUE, ATLANTIQUE ET INDIEN.
La terre est divisée en cinq océans et en six continents. Il y a les océans Pacifique, Atlantique, Indien, Arctique et Antarctique. Les continents sont l'Antarctique, l'Asie, l'Afrique, l'Europe, l'Océanie et l'Amérique.
Océan Pacifique
L'OCÉAN PACIFIQUE EST LE PLUS GRAND.
Par ordre de grandeur, l'océan Pacifique se classe en premier, puis viennent l'Atlantique et l'océan Indien. Les océans Arctique et Antarctique sont si petits qu'on les assimile souvent à des mers.
Océan Pacifique environ 165 250 000 km²
Océan Atlantique environ 82 440 000 km²
Océan Indien environ 73 440 000 km²
QUELLE EST LA DIFFÉRENCE ENTRE UNE MER ET UN OCÉAN ?
UNE MER EST PLUS PETITE QU'UN OCÉAN.
SI ON LES COMPARAIT À UN CACTUS...
... ON DIRAIT QUE LES TROIS BRANCHES PRINCIPALES SONT LES OCÉANS ET LES PLUS PETITES, LES MERS.
Les mers du Nord et d'Irlande sont des mers bordières de l'océan Atlantique. La mer de l'Est et la mer Jaune sont des mers bordières de l'océan Pacifique.
Mer du Nord
Océan Pacifique
Mer de l'Est
Océan Atlantique
Océan Indien
Mer d'Andaman
L'Océan

La Mer Celtique au sud de l'Irlande.

Parmi les mers intercontinentales (bordées de plusieurs continents), on trouve, entre autres, la mer Méditerranée, la mer des Caraïbes et la mer Arctique.

La mer Baltique et la mer Rouge sont des mers intracontinentales.

La mer Méditerranée est entourée par le sud de l'Europe, le Proche-Orient et l'Afrique du Nord.

LES GRANDS EXPLORATEURS

Les progrès réalisés dans la fabrication des bateaux et l'invention de la boussole ont permis d'aller beaucoup plus loin en mer.
AVEC LA BOUSSOLE, ON PEUT GARDER LE CAP, MÊME EN PLEINE NUIT DE TEMPÊTE.
ENTRE LE XVE ET LE XVIIE SIÈCLE, ON A EXPLORÉ LES MERS POUR TROUVER DE NOUVEAUX CONTINENTS. C'EST AINSI QU'ONT PROGRESSÉ LES TECHNIQUES DE NAVIGATION.
Des explorateurs de plus en plus nombreux se sont alors lancés avec courage à l'aventure pour découvrir de nouvelles routes maritimes.
JE VAIS VOUS PRÉSENTER QUELQUES-UNS DE CES GRANDS EXPLORATEURS.
JE LES CONNAIS DÉJÀ.
CHRISTOPHE COLOMB A DÉCOUVERT L'AMÉRIQUE ET LIVINGSTONE, LE PÔLE SUD. JE N'AI PAS RAISON ?
QUEL BENÊT !
QUEL IMBÉCILE !
ILS N'EN REVIENNENT PAS !
LIVINGSTONE EST L'HOMME QUI A EXPLORÉ L'AFRIQUE.
IL CONFOND AVEC QUELQU'UN D'AUTRE.

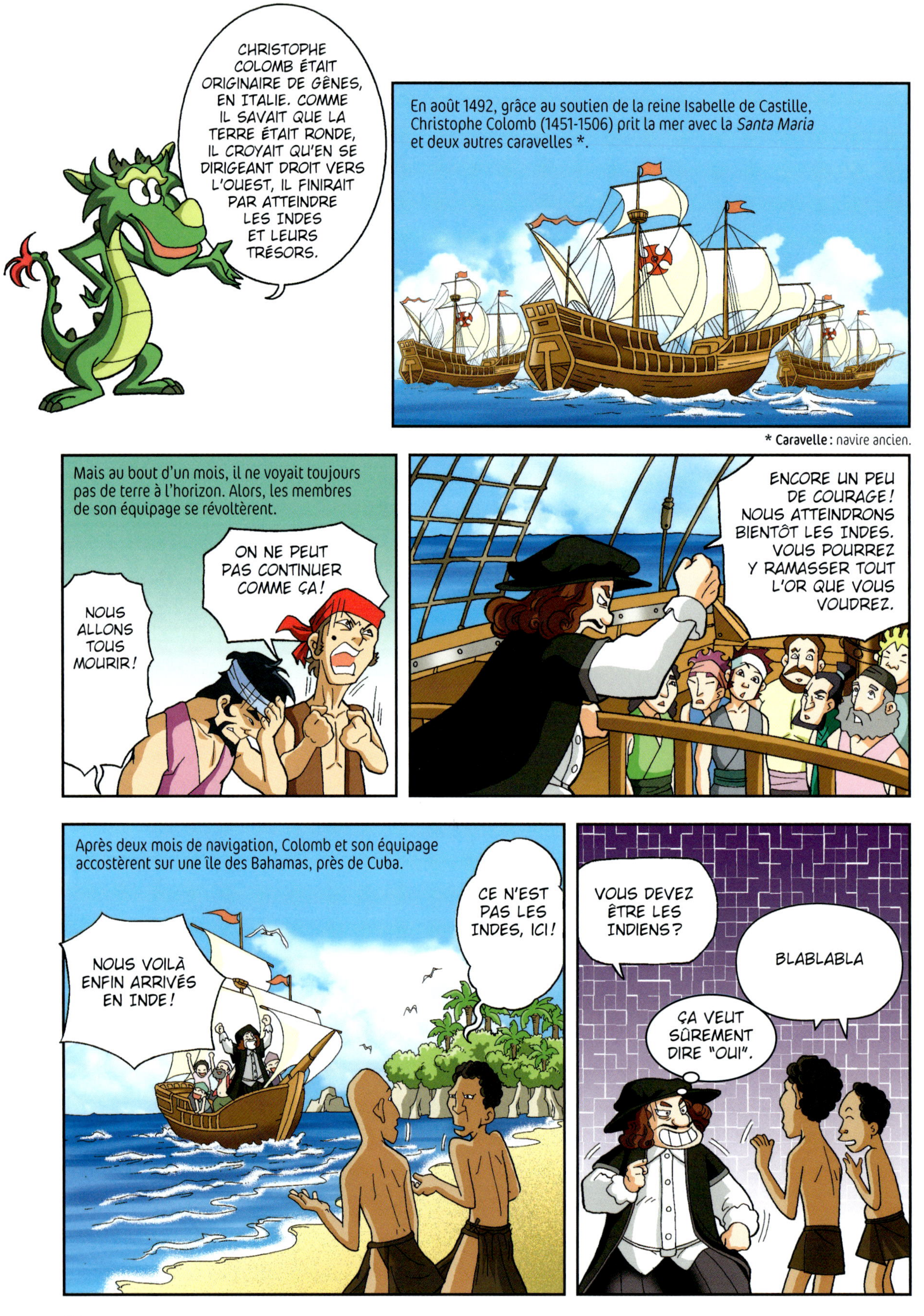

*** Caravelle :** navire ancien.

APRÈS CELA, CHRISTOPHE COLOMB REFIT TROIS FOIS LE VOYAGE.
ET JUSQU'À SA MORT, IL FUT PERSUADÉ QUE CES TERRES NOUVELLES FAISAIENT PARTIE DES INDES.
Le Portugais Vasco de Gama (1460-1524), convaincu lui aussi que la Terre était ronde, entreprit à son tour l'expédition.
COMME LA TERRE EST RONDE, ON DEVRAIT POUVOIR REVENIR À SON POINT DE DÉPART EN SUIVANT TOUJOURS LA MÊME DIRECTION.
Il quitta Lisbonne en juillet 1497 et mit le cap vers le sud, à la différence de Colomb qui était parti vers l'ouest.
Asie
Lisbonne
Afrique
Indes
Cap de Bonne-Espérance
En mai 1498, il parvint enfin aux Indes après avoir dépassé le cap de Bonne-Espérance à la pointe sud de l'Afrique.
PUISQUE NOUS PARLONS DES GRANDS EXPLORATEURS, N'OUBLIONS PAS MAGELLAN. IL FUT LE PREMIER HOMME À FAIRE LE TOUR DU MONDE.
En septembre 1519, avec le soutien de l'Espagne, le Portugais Magellan (1480-1521) entreprit son voyage autour du monde avec cinq navires.

Magellan et son équipage suivirent la côte africaine, puis traversèrent l'océan Atlantique avant d'arriver au Rio de la Plata, en Argentine.
J'AI DONNÉ MON NOM AU DÉTROIT DE MAGELLAN CAR JE L'AI DÉCOUVERT.
Espagne (point de départ)
Amérique du Nord
Asie
Océan Atlantique
Afrique
Océan Pacifique
Océan Pacifique
Amérique du Sud
Océan Indien
Philippines
Argentine
Cap de Bonne-Espérance
Rio de la Plata
Détroit de Magellan
Un an plus tard, il traversa le détroit de Magellan et entra dans l'océan Pacifique.
QUEL CALME ! NOUS APPELLERONS CET OCÉAN "PACIFIQUE".
NOUS VOICI EN ORIENT. COMME C'EST BEAU !
Après cent jours de traversée, le navigateur atteignit les îles Philippines.
Magellan mourut en combattant les indigènes.
Privés de leur commandant, les membres de son équipage traversèrent tant bien que mal l'océan Indien et passèrent le cap de Bonne-Espérance pour regagner l'Espagne. Seuls dix-huit hommes sur deux cent soixante-cinq rentrèrent sains et saufs de leur périple de trois ans autour du monde.
IL NE RESTE QUE DIX-HUIT HOMMES ET UN BATEAU.
VOUS AVEZ DÛ SOUFFRIR !

* **Courants marins :** c'est un déplacement d'eau de mer suivant une direction et une vitesse données.

EXPLORATION DES FONDS MARINS

Un bateau de pêche utilisant un chalut*.

Submersibles et cloches de plongée

Submersibles et cloches de plongée

Ils sont complètement différents. Le submersible est un véhicule qui se déplace sous la mer. La cloche de plongée est un équipement conçu pour permettre de travailler sous l'eau. La première fut inventée par un Allemand en 1616. En 1690, l'astronome anglais Halley mit au point une cloche à plongeur plus élaborée permettant de rester quatre-vingt-dix minutes à une vingtaine de mètres de profondeur dans les eaux de la Tamise. Ce système est encore utilisé pour travailler sous l'eau.

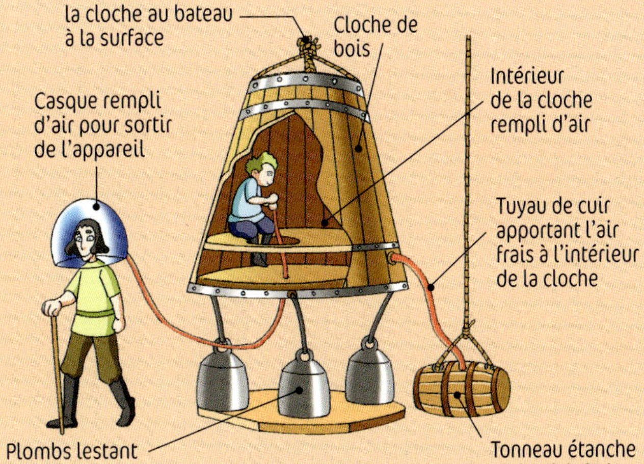

La cloche de plongée de Halley inventée en 1690.

* **Chalut :** filet de pêche traîné par un bateau sur les fonds marins.

Les submersibles

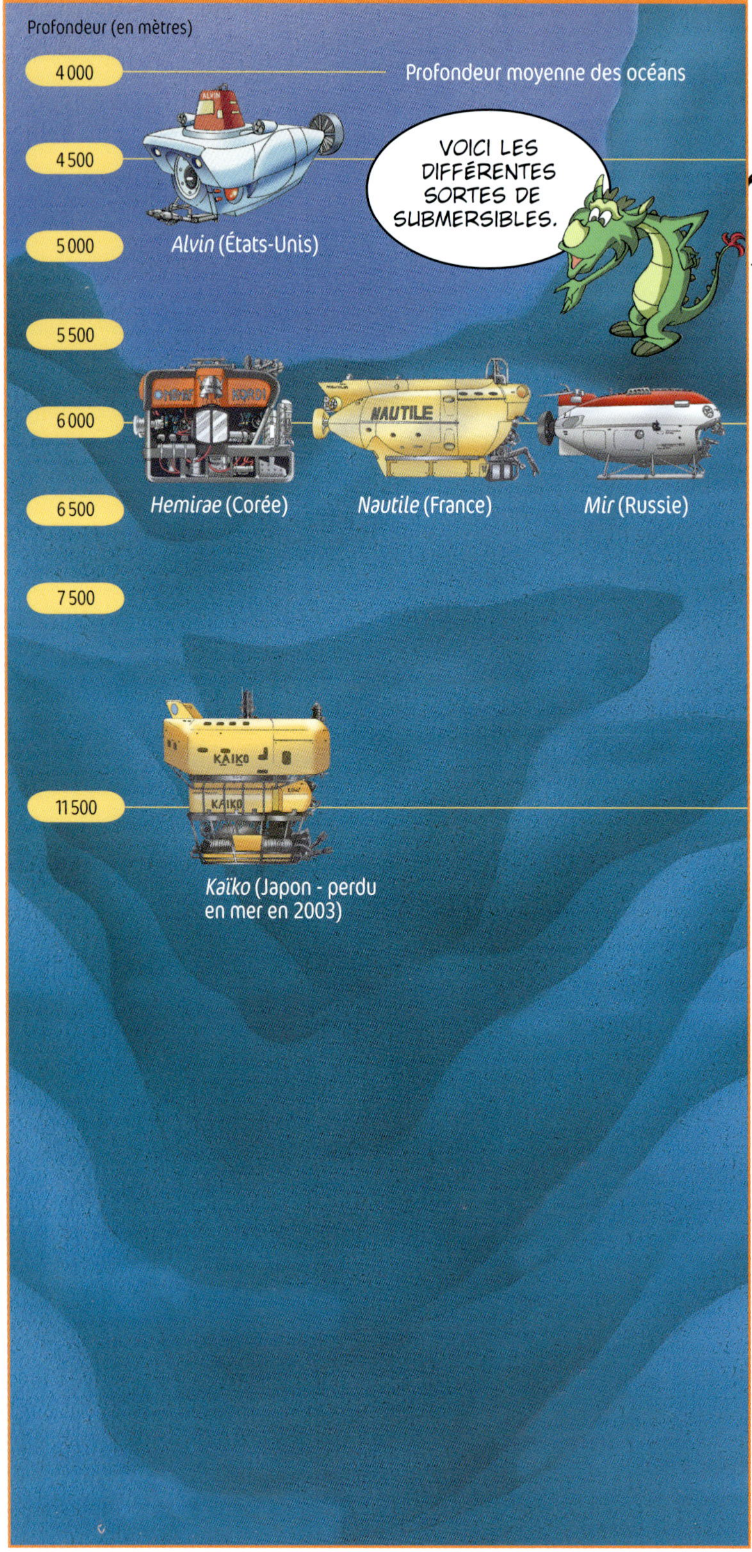

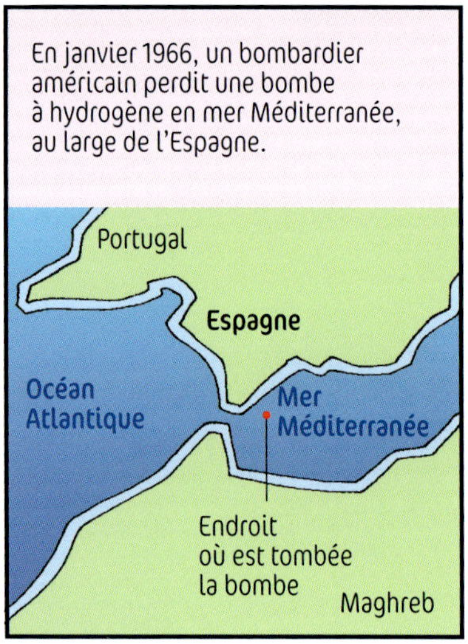

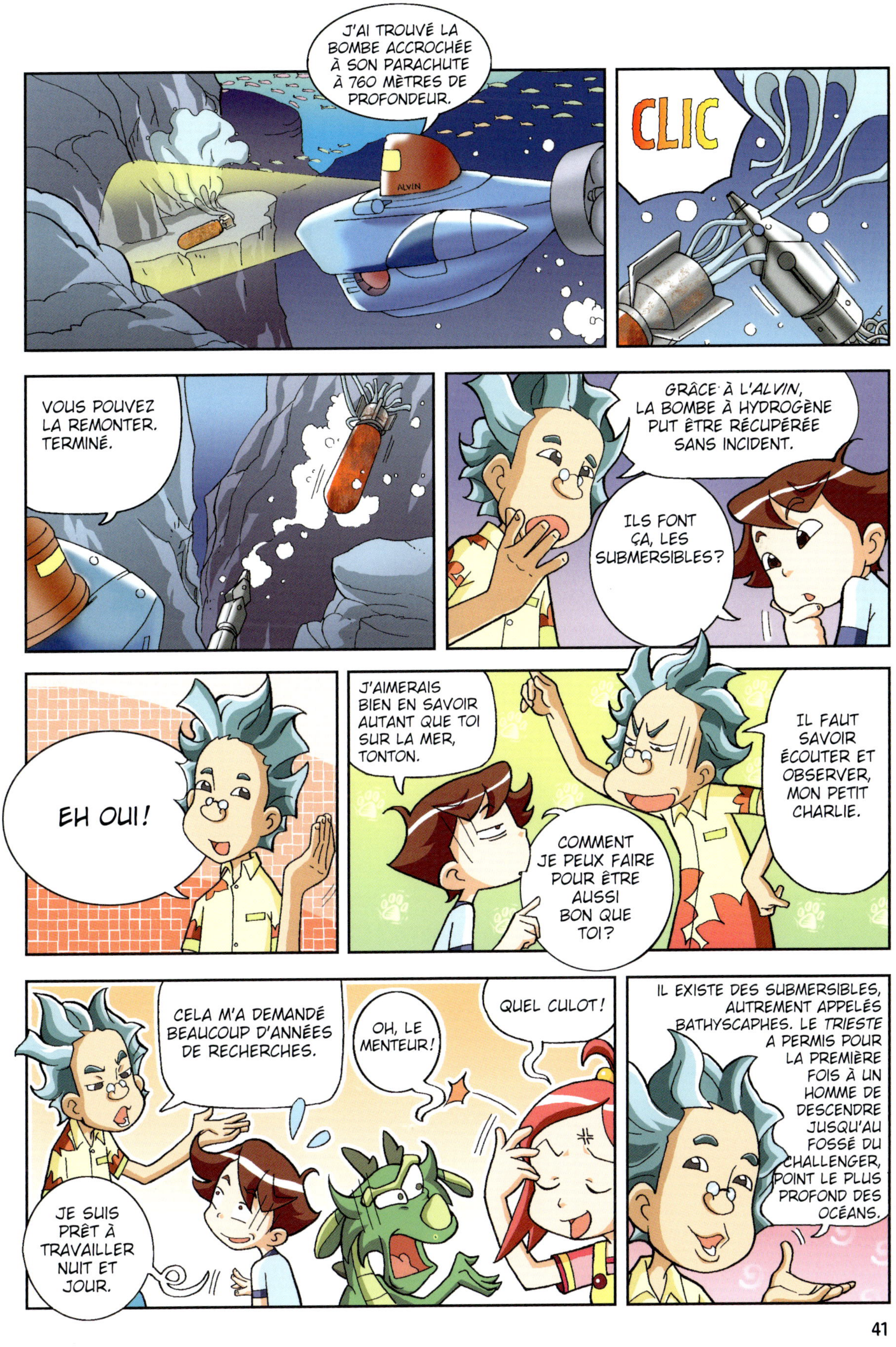
J'AI TROUVÉ LA BOMBE ACCROCHÉE À SON PARACHUTE À 760 MÈTRES DE PROFONDEUR.
ALVIN
CLIC
VOUS POUVEZ LA REMONTER. TERMINÉ.
GRÂCE À L'ALVIN, LA BOMBE À HYDROGÈNE PUT ÊTRE RÉCUPÉRÉE SANS INCIDENT.
ILS FONT ÇA, LES SUBMERSIBLES ?
EH OUI !
J'AIMERAIS BIEN EN SAVOIR AUTANT QUE TOI SUR LA MER, TONTON.
IL FAUT SAVOIR ÉCOUTER ET OBSERVER, MON PETIT CHARLIE.
COMMENT JE PEUX FAIRE POUR ÊTRE AUSSI BON QUE TOI ?
CELA M'A DEMANDÉ BEAUCOUP D'ANNÉES DE RECHERCHES.
OH, LE MENTEUR !
QUEL CULOT !
JE SUIS PRÊT À TRAVAILLER NUIT ET JOUR.
IL EXISTE DES SUBMERSIBLES, AUTREMENT APPELÉS BATHYSCAPHES. LE TRIESTE A PERMIS POUR LA PREMIÈRE FOIS À UN HOMME DE DESCENDRE JUSQU'AU FOSSÉ DU CHALLENGER, POINT LE PLUS PROFOND DES OCÉANS.

LE NAVIRE OCÉANOGRAPHIQUE CHALLENGER A PRODÉDÉ AUX PREMIÈRES MESURES DU FOSSÉ CHALLENGER, MAIS C'EST MOI, LE *TRIESTE*, QUI AIT DESCENDU LE PREMIER HOMME À PLUS DE 10 000 MÈTRES DE FOND.
QU'EST-CE QUE C'EST PROFOND !
TU TE RENDS COMPTE ? IL A PLONGÉ À PLUS DE 10 000 MÈTRES !
NOUS AUSSI, ON PEUT FAIRE ÇA ?
NON ! À PLUS DE 50 MÈTRES, ON A DÉJÀ LA TÊTE QUI TOURNE.
AU-DELÀ DE 90 MÈTRES, ON PEUT PERDRE CONNAISSANCE.
AH BON ?
IL N'Y A QU'À PLONGER ET NOUS EN AURONS LE CŒUR NET.
OK !
YOUPI !
JE NE SUIS QU'À 9 MÈTRES SOUS L'EAU ET JE ME SENS DÉJÀ OPPRESSÉE.
MA LIMITE, C'EST 40 MÈTRES.
GRÂCE À MON SCAPHANDRE, JE SUIS DESCENDU SANS PROBLÈME JUSQU'À 300 MÈTRES.
MOI, JE N'AI RIEN MIS, MAIS ÇA VA ! APRÈS TOUT, JE SUIS SUPERDRAGON !

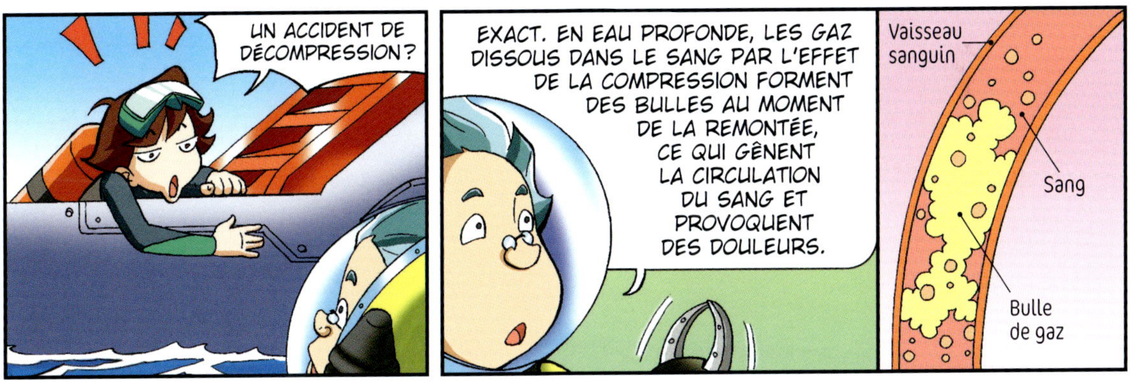

Comment éviter les accidents de décompression ?

Lors de la remontée, on ne doit surtout pas cesser de respirer. Il faut remonter lentement et régulièrement. Cela permet de réduire les effets des variations de pression et empêche la formation des bulles de gaz dans l'organisme. Si vous êtes obligé de remonter brusquement, il vaut mieux respirer avec la tête en arrière.
Les tables de décompression permettent de calculer le temps de remontée nécessaire suivant la profondeur et la durée de la plongée afin de limiter les risques liés à la décompression des gaz.

À QUOI RESSEMBLE LE FOND DE LA MER ?

Topographie des fonds marins

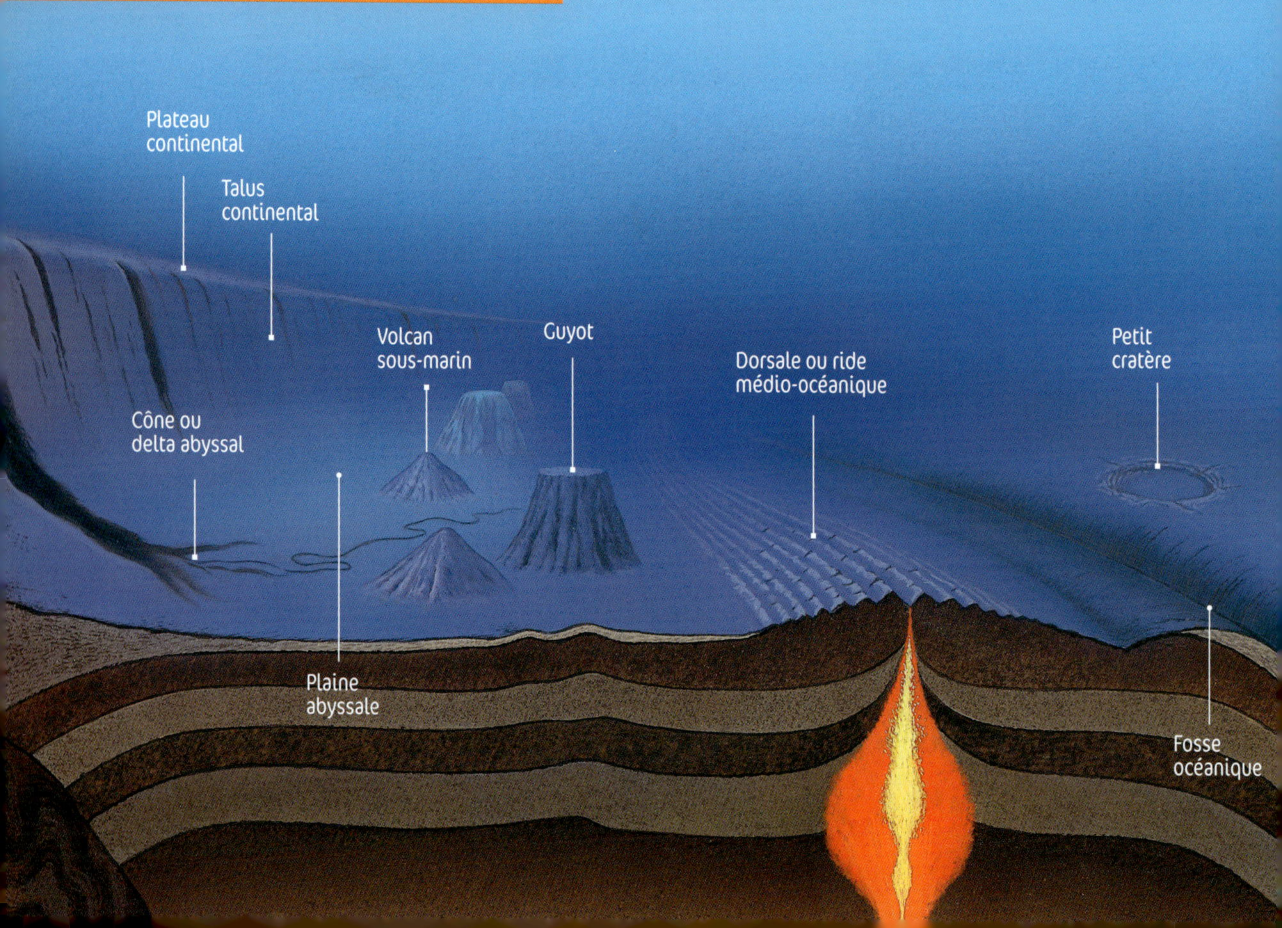

* **Sondeur à ultrasons :** appareil servant à mesurer la profondeur de la mer.

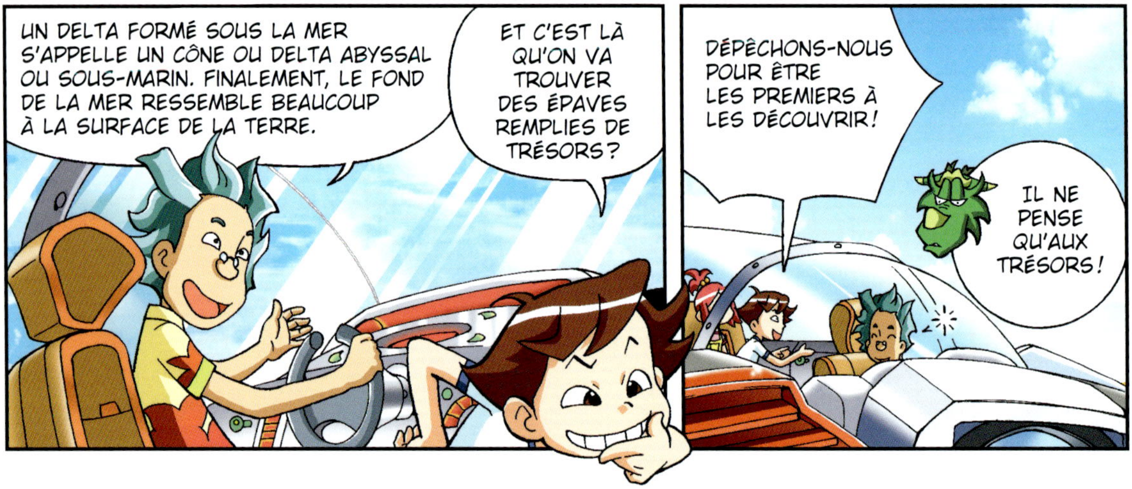

Topographie des fonds marins du globe

Une dorsale se situe à la frontière entre deux plaques tectoniques. Le magma qui remonte forme une nouvelle croûte océanique. La longueur totale des dorsales est supérieure à 60 000 km. On compte entre vingt-cinq et vingt-sept fosses océaniques : un dans l'océan Indien, quatre dans l'océan Atlantique et toutes les autres dans l'océan Pacifique.

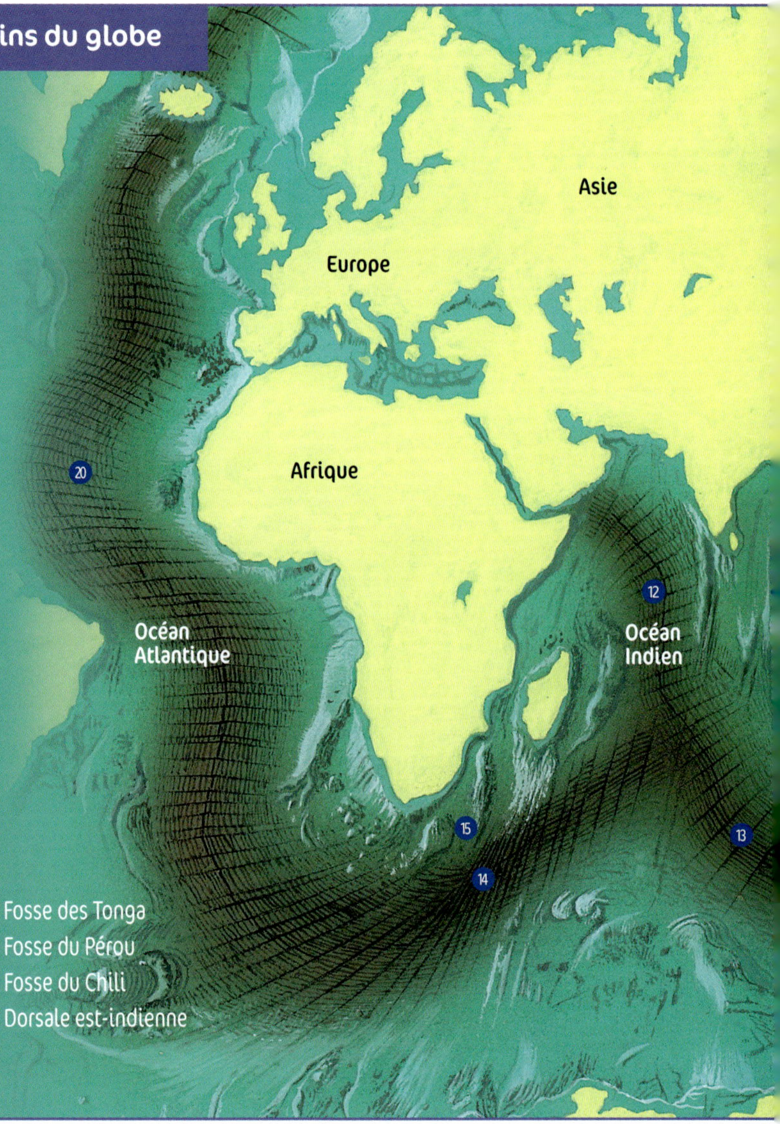

1. Dorsale pacifique est
2. Fosse des Kouriles
3. Fosse des Aléoutiennes
4. Fosse du Japon
5. Fosse des Philippines
6. Fosse des Mariannes
7. Fosse des Tonga
8. Fosse du Pérou
9. Fosse du Chili
10. Dorsale est-indienne

VOYONS D'ABORD L'OCÉAN PACIFIQUE !

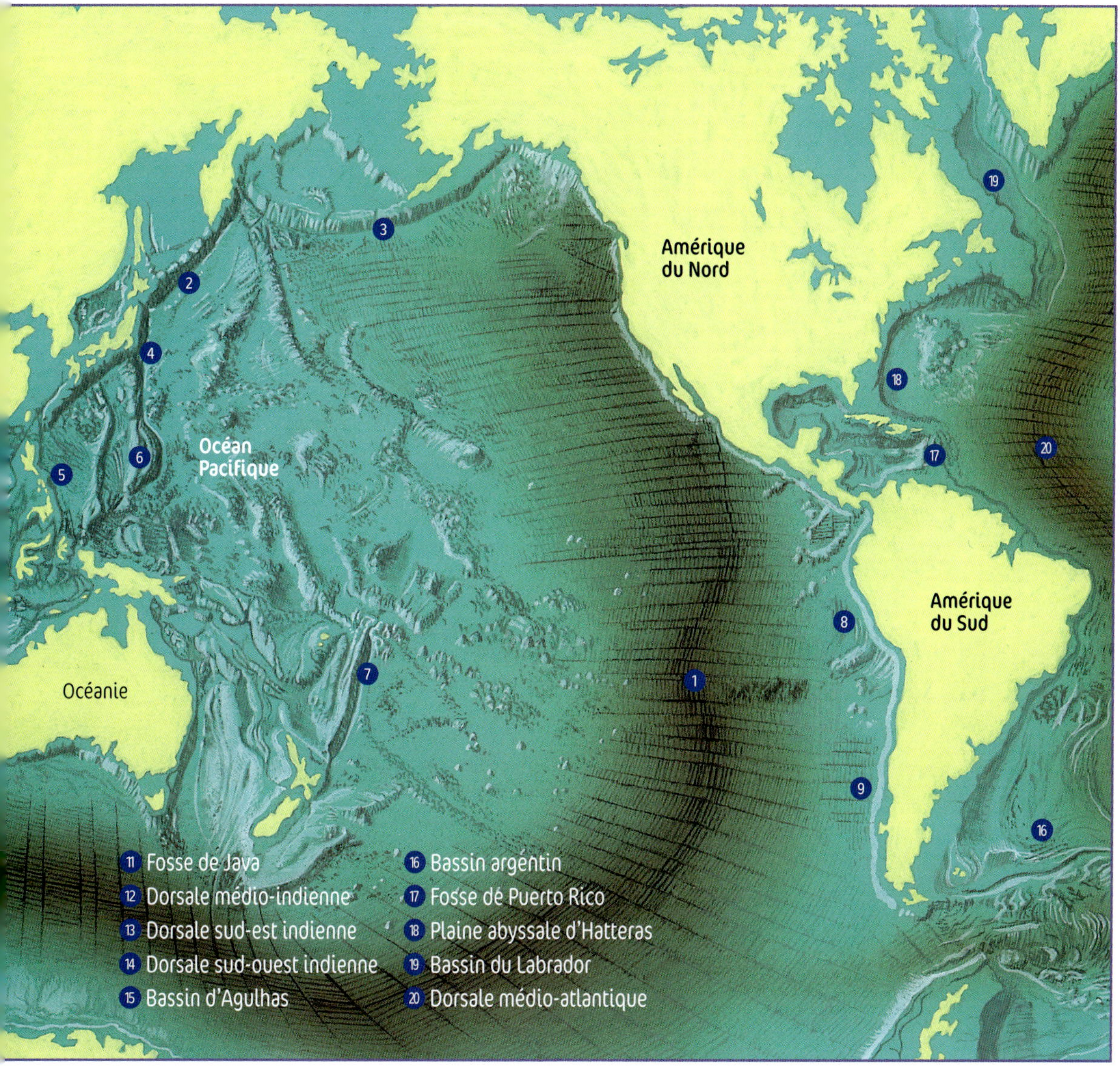
Amérique du Nord
Océan Pacifique
Amérique du Sud
Océanie
1
2
3
4
5
6
7
8
9
16
17
18
19
20
11 Fosse de Java
12 Dorsale médio-indienne
13 Dorsale sud-est indienne
14 Dorsale sud-ouest indienne
15 Bassin d'Agulhas
16 Bassin argentin
17 Fosse de Puerto Rico
18 Plaine abyssale d'Hatteras
19 Bassin du Labrador
20 Dorsale médio-atlantique

EXPLORATION DE L'OCÉAN PACIFIQUE

Nodules polymétalliques

De nombreuses îles de l'océan Pacifique ont des plages de sable noir provenant de la lave des volcans pulvérisée par les vagues.

Plage de sable noir de Punalu'u à Hawaï

Le volcan Kilauea toujours en activité

ENFIN, VOICI L'ARCHIPEL D'HAWAÏ !
L'archipel d'Hawaï
On appelle « archipel » un ensemble d'îles. Hawaï est constitué de plus de cent trente îles volcaniques regroupées en chapelet. Sa superficie totale est de 17 000 km^2.
Oahu
Molokai
Lanai
Kahoolawe
Maui
Hawaï
OH ! C'EST MAGNIFIQUE !
VOYONS SI NOUS Y DÉNICHERONS DES ÉPAVES.
ET CES MONTAGNES SOUS L'EAU, CE SONT DES ÎLES AUSSI ?
ON LES APPELLE DES VOLCANS SOUS-MARINS.
DES VOLCANS SOUS-MARINS ?
COMME LEUR NOM L'INDIQUE, CE SONT DES VOLCANS SOUS LA MER.

DANS CHACUN DES TROIS GRANDS OCÉANS, ON TROUVE PLUSIEURS CENTAINES DE VOLCANS SOUS-MARINS. C'EST DANS LE PACIFIQUE QU'IL Y EN A LE PLUS GRAND NOMBRE.
Îles volcaniques
Volcan sous-marin
Guyot
LA PLUPART DES VOLCANS SOUS-MARINS SE SONT FORMÉS DE LA MÊME FAÇON QUE LES ÎLES VOLCANIQUES.
CEUX DONT LE SOMMET EST PLAT S'APPELLENT DES GUYOTS.
LEUR SOMMET A ÉTÉ ÉRODÉ PAR LE VENT ET LA PLUIE ET ILS SE SONT PROGRESSIVEMENT ENFONCÉS SOUS L'EAU.
LE PLUS HAUT GUYOT DE LA PLANÈTE, LE MONT GREAT METEOR, SE TROUVE DANS L'OCÉAN ATLANTIQUE.
IL EST HAUT DE 4 000 MÈTRES ET SA CIRCONFÉRENCE À LA BASE FAIT 110 KILOMÈTRES.
L'ARCHIPEL D'HAWAÏ CONNAÎT ENCORE DES ÉRUPTIONS VOLCANIQUES. SANS CESSE, DES VOLCANS VOIENT LE JOUR ET S'ÉTEIGNENT.
EST-CE QUE TOUTES LES ÎLES SONT LE RÉSULTAT D'ÉRUPTIONS VOLCANIQUES?
PAS TOUTES. CERTAINES PROVIENNENT D'UNE REMONTÉE DU FOND DE LA MER.

* **Convection :** mouvement d'un fluide dû à une variation de température. La chaleur monte et le froid descend.

DÉRIVE DES CONTINENTS

Les plaques lithosphériques et la convection mantellique

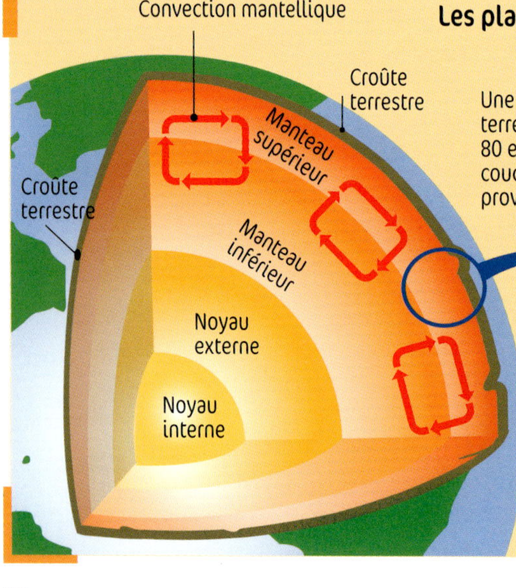

Une plaque lithosphérique est une couche solide comprenant la croûte terrestre et une partie du manteau supérieur. Son épaisseur varie entre 80 et 100 kilomètres. Sous les plaques, on trouve l'asthénosphère, couche molle et visqueuse du manteau terrestre. La forte chaleur du noyau provoque le phénomène de convection et fait se déplacer les plaques.

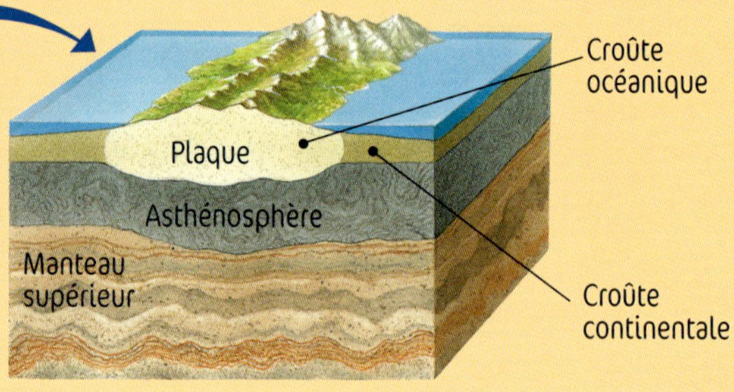

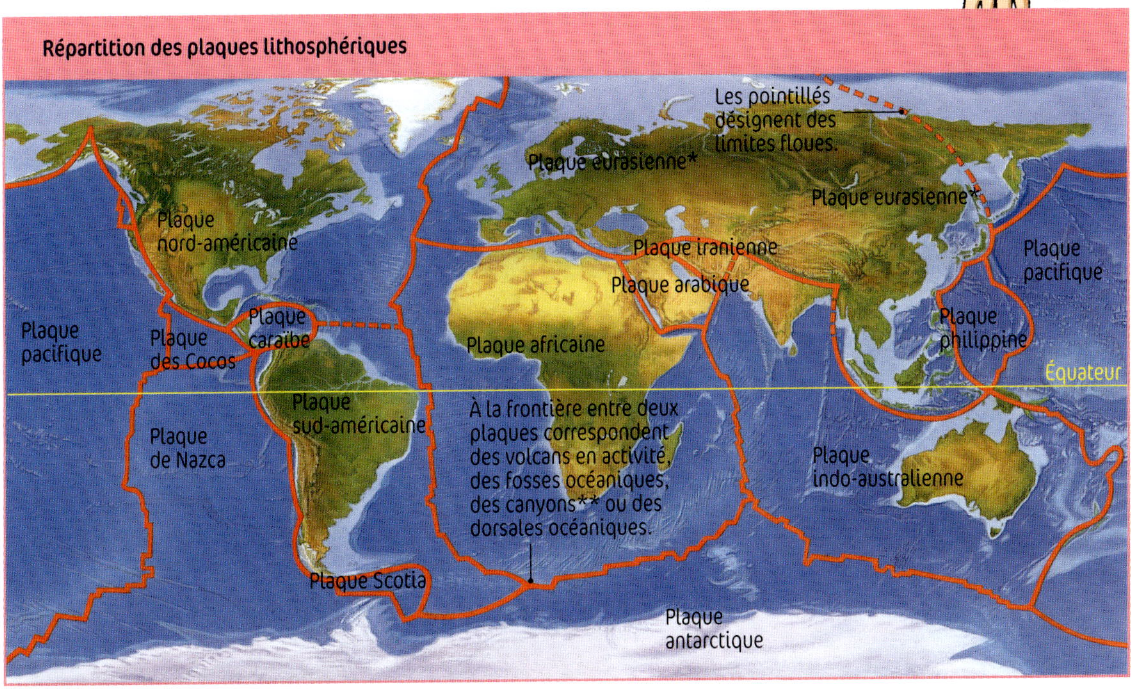

* **Eurasie :** nom donné à l'ensemble de l'Europe et de l'Asie.
** **Canyon :** vallée étroite et abrupte.

Formation et disparition des plaques

Formation des plaques

Au centre d'une dorsale, le magma du manteau supérieur jaillit de la croûte océanique, se refroidit dans la mer et durcit pour former une nouvelle croûte qui dérive. Ainsi s'agrandit le fond des océans.

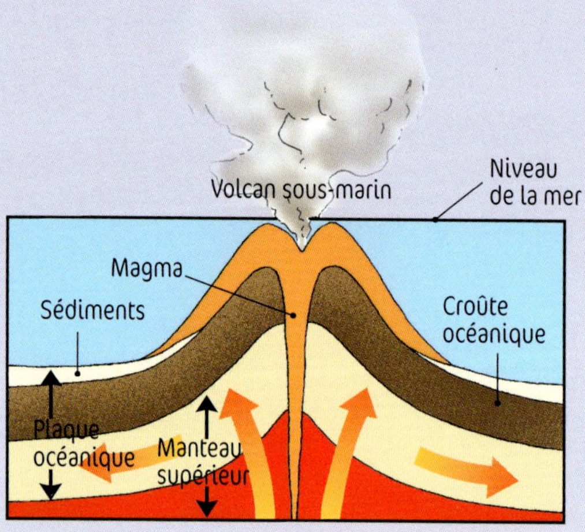

Disparition des plaques

La lithosphère océanique s'éloigne de la dorsale, entre en collision avec une plaque continentale et s'enfonce sous celle-ci, plus légère. La plaque est avalée par le manteau et rejoint les magmas internes.

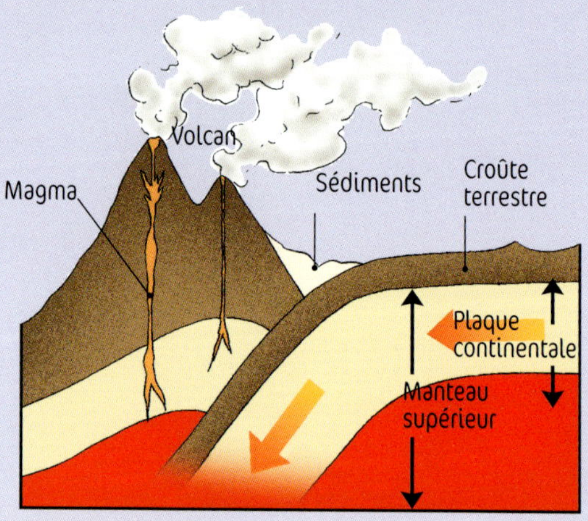

La faille de Thingvellir est située entre la plaque nord-américaine et la plaque eurasienne, lesquelles s'écartent peu à peu l'une de l'autre.

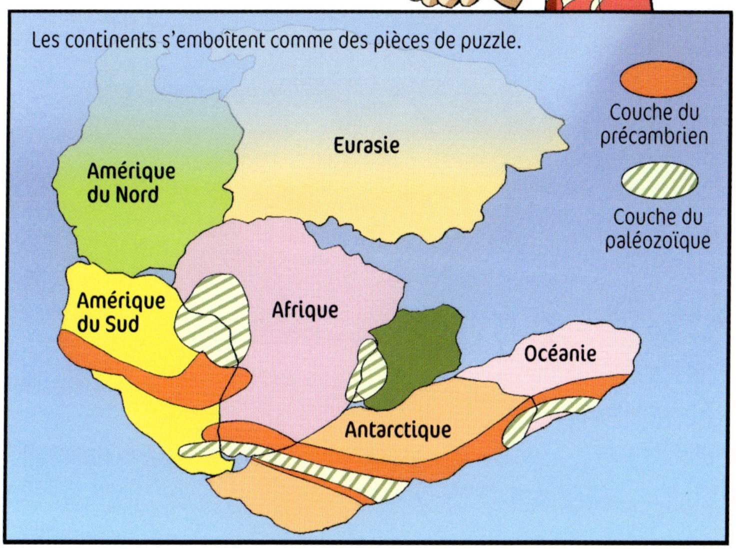

La dérive des continents

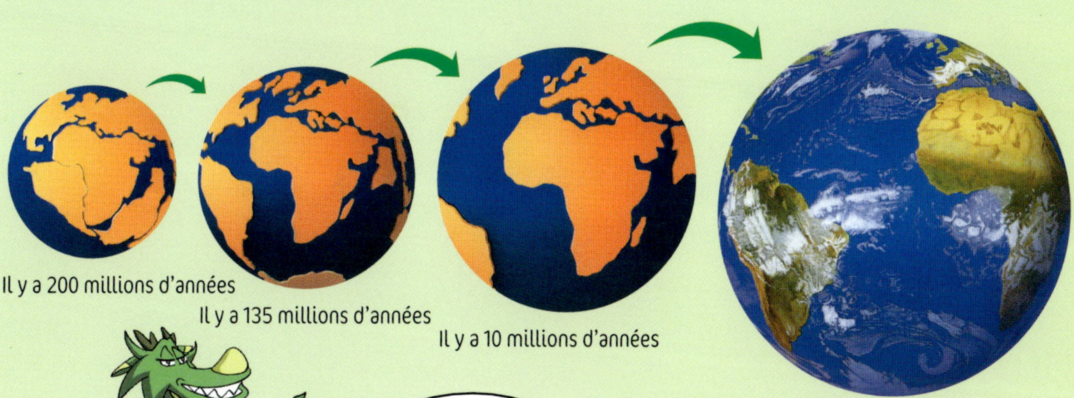

EXPLORATION DE LA FOSSE DES MARIANNES

La formation d'une fosse océanique

Quand deux plaques se heurtent au fond de la mer, la plus lourde s'enfonce sous la plus légère. Il se forme une fosse océanique et un arc insulaire. Un tremblement de terre se produit. Si la plaque s'enfonce à plus de 100 kilomètres de profondeur, les conditions de température et de pression font jaillir du magma.

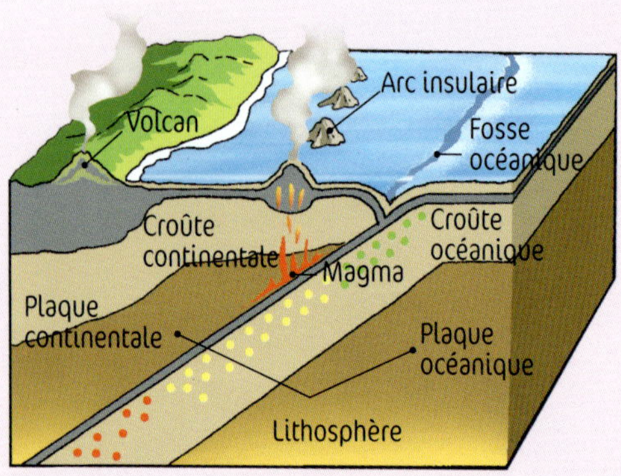

La plaque océanique, plus lourde, s'enfonce sous la plaque continentale, plus légère. Le magma formé perce la croûte continentale et provoque une éruption volcanique.

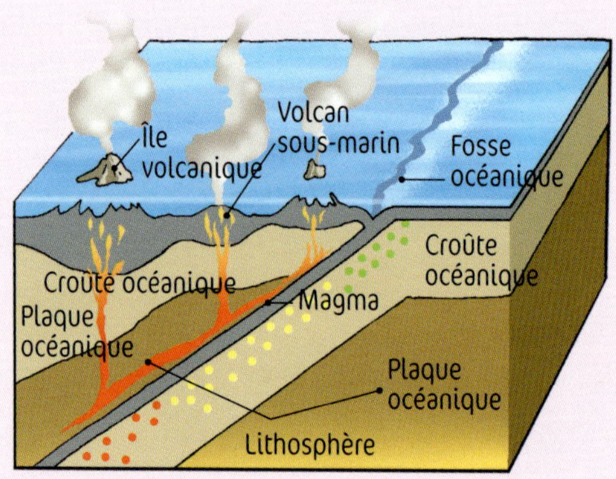

La plaque océanique la plus ancienne et la plus froide plonge sous la plus récente. Le magma formé perce la croûte océanique, jaillit dans l'eau et forme des volcans sous-marins ou des îles volcaniques.

COMME IL FAIT SOMBRE ! ET DIRE QUE LA NUIT N'EST MÊME PAS ENCORE TOMBÉE !
NOUS SOMMES AU FOND DE LA MER.

À DE TELLES PROFONDEURS, TRÈS PEU DE CRÉATURE PEUVENT VIVRE À CAUSE DE LA PRESSION ET DU MANQUE DE LUMIÈRE.

IL FAIT DE PLUS EN PLUS NOIR.
NOUS SOMMES DANS LE FOSSÉ LE PLUS PROFOND DE LA FOSSE DE MARIANNES, MESURÉ PAR LE NAVIRE SOVIÉTIQUE LE *VITIAZ*.
SA PROFONDEUR EST DE 10 900 MÈTRES.
IL Y A PEUT-ÊTRE DES ÉPAVES?
J'AI LES OREILLES QUI SE BOUCHENT ET J'AI MAL AU CŒUR. JE NE ME SENS PAS BIEN.

C'EST À CAUSE DE L'AUGMENTATION DE LA PRESSION DE L'EAU.
NE VOUS PLAIGNEZ PAS ! PENSEZ À TOUTES LES CRÉATURES QUI VIVENT ICI EN PERMANENCE, COMME LES CREVETTES ET LES VERS DE SABLE.
TU NE PEUX PAS COMPRENDRE ! TU N'ES PAS HUMAIN.
C'EST TOUT DE MÊME ÉTONNANT QUE DES ÊTRES PUISSENT VIVRE DANS DES EAUX SI FROIDES ET SI PROFONDES.
LE PLUS SURPRENANT C'EST QU'IL EXISTE DES ÊTRES VIVANTS AUTOUR DES CHEMINÉES QUI CRACHENT DU FLUIDE HYDROTHERMAL.
DU FLUIDE HYDROTHERMAL ?
Cheminée hydrothermale
C'EST DE L'EAU EXTRÊMEMENT CHAUDE REJETÉE PAR CES CHEMINÉES SOUS L'EFFET DE LA PRESSION.
JE DÉTESTE ÇA !

L'*Alvin* en mission d'exploration

Comment la vie est-elle possible autour des cheminées hydrothermales ?

Le fluide hydrothermal contient des sulfures de fer et d'autres métaux. Quand il jaillit, les sulfures s'accumulent pour former des cheminées.

Comment la vie est-elle possible dans un milieu aussi toxique ?

Des micro-organismes prolifèrent grâce aux sulfures et constituent le premier maillon d'une chaîne alimentaire.

Les chaînes alimentaires sur terre et autour des cheminées hydrothermales

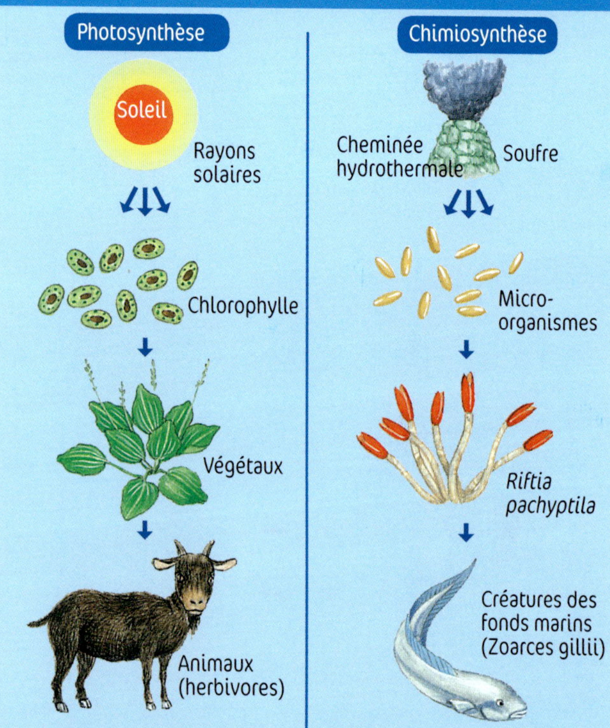

Au soleil, la chlorophylle permet la synthèse des éléments nutritifs des végétaux.

Autour des cheminées hydrothermales, des micro-organismes servent de nourriture aux vers.

NOUS VOICI À PROXIMITÉ DES GALÁPAGOS !
TONTON, ALLONS CREUSER SOUS UNE CHEMINÉE HYDROTHERMALE. IL Y A PEUT-ÊTRE UN TRÉSOR !
QU'EST-CE QUI EST COLLÉ LÀ-DESSUS ?
Riftia pachyptila
CE SONT DES VERS QUI RESSEMBLENT À DES TUBES DE CAOUTCHOUC. IL N'EN EXISTE NULLE PART AILLEURS.
QUELLE CHANCE DE LES VOIR DE SI PRÈS !
REGARDE PLUTÔT S'IL N'Y A PAS UN TRÉSOR !
TRÉSOR !
TRÉSOR !
OÙ ES-TU ?
JE NE LE TROUVE NULLE PART !
TU CROYAIS SANS DOUTE QUE CE SERAIT FACILE ?
HUFF !
HUFF !
NE PERDS PAS ESPOIR. NOUS EN DÉCOUVRIRONS PEUT-ÊTRE UN, QUI SAIT ?

L'ARCHIPEL DES GALÁPAGOS DES ÎLES LOIN DE TOUT

Sur les îles Galápagos, des traces de lave témoignent de l'activité volcanique passée.

L'archipel des Galápagos

L'archipel des Galápagos, véritable musée vivant d'histoire naturelle, est classé au patrimoine mondial de l'Unesco. Ses îles abritent des animaux très singuliers, tels que la tortue géante des Galápagos – dont la longévité moyenne est de 180 ans –, l'iguane marin – un lézard vivant dans la mer –, ou le manchot des Galápagos. On suppose que ces espèces venues du continent ont évolué isolément, pour s'adapter à leur nouvel environnement insulaire.

Tortue géante des Galápagos

Manchots des Galápagos

Iguane marin des Galápagos

Charles Darwin, naturaliste anglais

* **Théorie de l'évolution :** théorie selon laquelle les êtres vivants évoluent en fonction de leur environnement. D'après Darwin, les espèces qui s'adaptent survivent, les autres s'éteignent. C'est ainsi que s'opère la sélection naturelle.

LES CORAUX "FLEURS" SOUS-MARINES

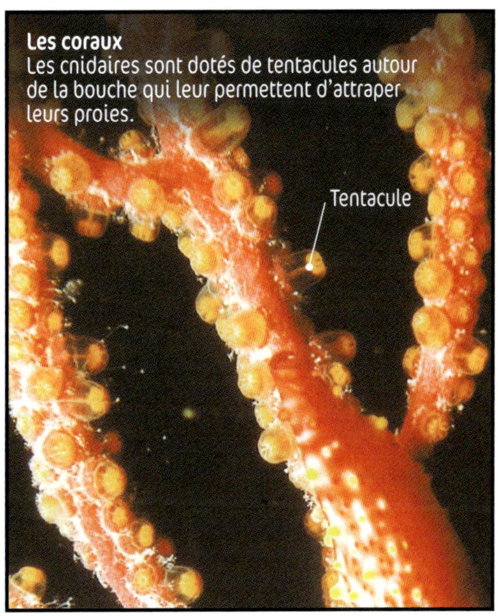

Les coraux
Les cnidaires sont dotés de tentacules autour de la bouche qui leur permettent d'attraper leurs proies.

* **Cnidaires :** animaux aquatiques multicellulaires dotés de tentacules autour de la bouche contenant des cellules urticantes.

Une île corallienne
Les récifs coralliens vivent en eaux peu profondes pour pouvoir s'enraciner sur le sol marin. Ils se développent très lentement. Il leur faut environ vingt ans pour augmenter leur taille de l'équivalent d'un ballon de football.

La Grande barrière de corail

La Grande Barrière de corail au large de l'Australie

La Grande Barrière de corail s'étend sur plus de 2 000 kilomètres le long du littoral du Queensland, dans le nord-est de l'Australie. La superficie du lagon entre la rivière et le continent est d'environ 207 000 km^2. Lieu touristique réputé, elle abrite de nombreuses espèces marines. Pour la protéger des dégradations causées par les touristes, le gouvernement australien a souscrit le Great Barrier Reef Marine Park Act en 1975. En 1981, elle a été inscrite au patrimoine mondial de l'Unesco.

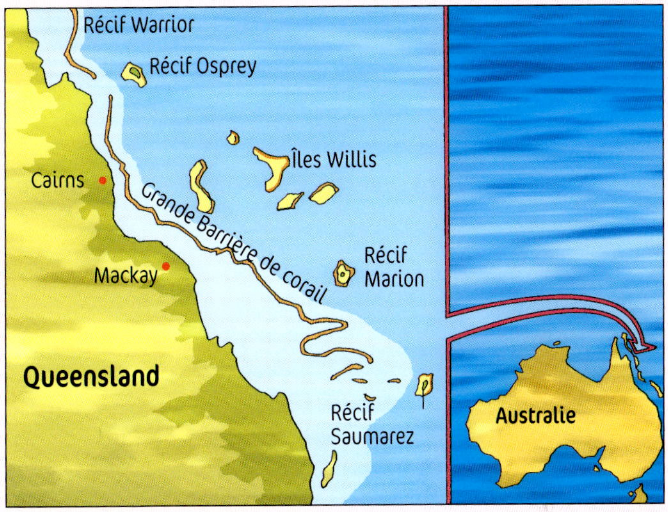

Types de récifs coralliens

Le récif frangeant
Il pousse sur les bords du littoral, en eaux peu profondes, ou autour d'une île. C'est la forme la plus simple.

Le récif barrière
Il s'agit à l'origine d'un récif frangeant qui s'est éloigné du littoral et a changé de forme à la suite de l'affaissement de l'île et de la montée du niveau de la mer.

L'atoll
Il a une forme d'anneau. C'est un récif barrière qui s'est transformé lorsque l'île volcanique s'est trouvée totalement immergée.

Les différentes espèces vivant dans les récifs

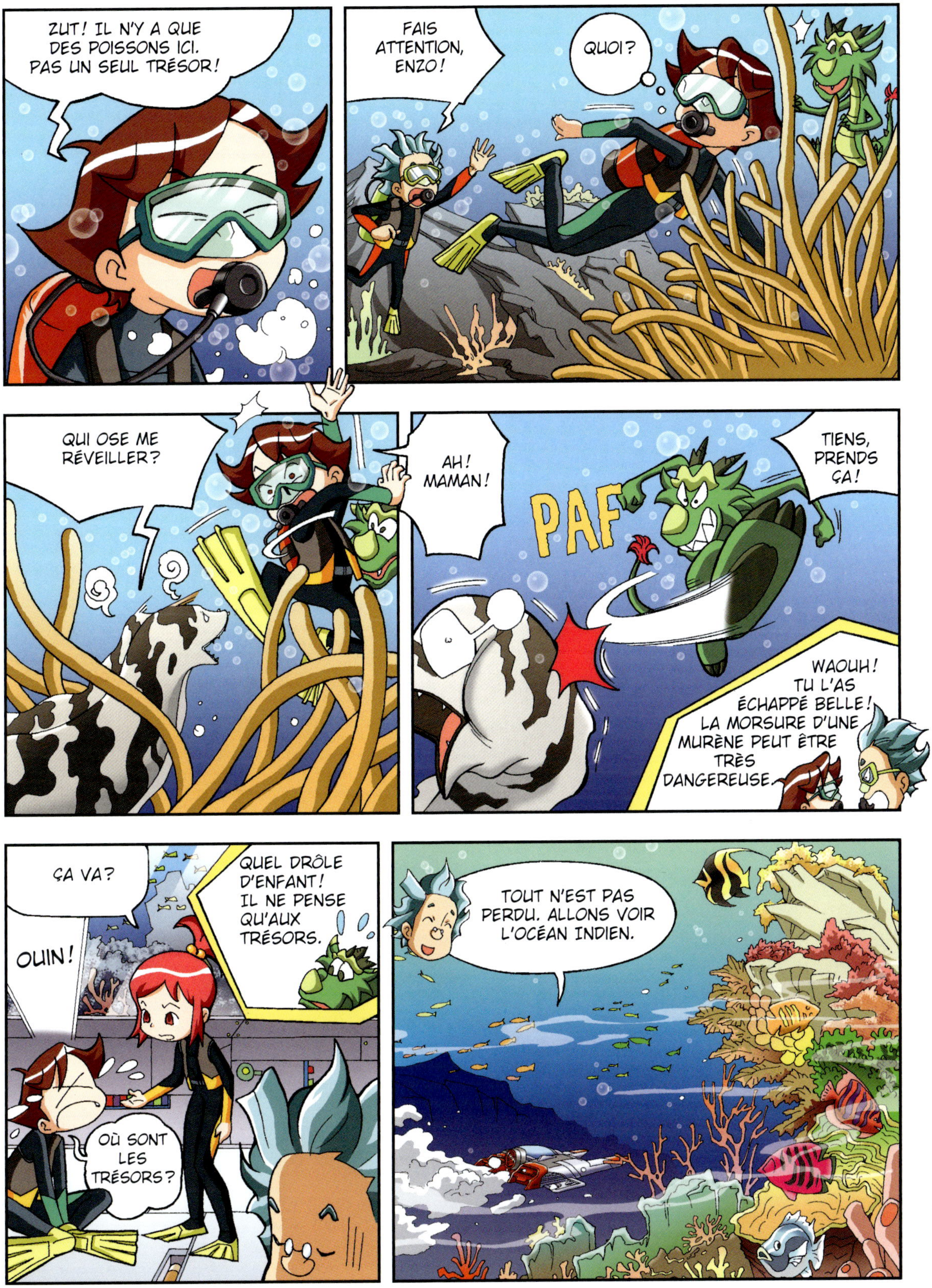
ZUT ! IL N'Y A QUE DES POISSONS ICI. PAS UN SEUL TRÉSOR !
FAIS ATTENTION, ENZO !
QUOI ?
QUI OSE ME RÉVEILLER ?
AH ! MAMAN !
TIENS, PRENDS ÇA !
PAF
WAOUH ! TU L'AS ÉCHAPPÉ BELLE ! LA MORSURE D'UNE MURÈNE PEUT ÊTRE TRÈS DANGEREUSE.
ÇA VA ?
OUIN !
QUEL DRÔLE D'ENFANT ! IL NE PENSE QU'AUX TRÉSORS.
OÙ SONT LES TRÉSORS ?
TOUT N'EST PAS PERDU. ALLONS VOIR L'OCÉAN INDIEN.

EXPLORATION DE L'OCÉAN INDIEN

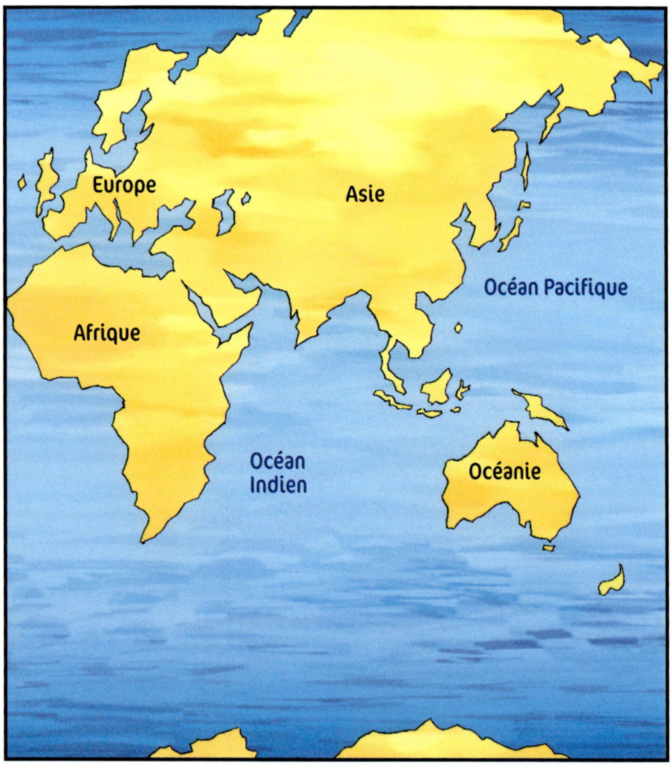

NOUS ALLONS EXPLORER LE FOND DE L'OCÉAN INDIEN. VOUS ÊTES PRÊTS ?
L'OCÉAN INDIEN S'ÉTEND SUR UNE SURFACE DE PRÈS DE 75 000 000 KM².
SPLOUSH
LA FOSSE DE JAVA MESURE 7450 MÈTRES DE PROFONDEUR. C'EST LA PLUS PROFONDE DE L'OCÉAN INDIEN.
REGARDE COMME ILS SONT BEAUX, CES POISSONS ET CES CORAUX !
SORTONS DANS L'EAU !
D'ACCORD ! ON TROUVERA PEUT-ÊTRE UNE ÉPAVE.
LES EAUX TEMPÉRÉES DE L'OCÉAN INDIEN CONVIENNENT PARFAITEMENT À LA VIE AQUATIQUE.
QU'EST-CE QUE C'EST ?
JE SUIS UN DUGONG, UN MAMMIFÈRE MARIN. JE SUIS GROS ET VÉGÉTARIEN. JE NE MANGE QUE DES ALGUES.
IL EST SI GRAND ! ET DIRE QU'IL NE SE NOURRIT QUE D'ALGUES !

MINCE ! IL S'EST SAUVÉ !
ET ÇA, C'EST QUOI ?
JE SUIS UN CŒLACANTHE. LES HOMMES ONT CRU QUE MON ESPÈCE S'ÉTAIT ÉTEINTE, IL Y A 50 MILLIONS D'ANNÉES. MAIS VOUS VOYEZ, JE SUIS TOUJOURS LÀ. ON M'APPELLE LE "FOSSILE VIVANT".
IL DOIT SAVOIR OÙ SE TROUVENT LES ÉPAVES. SUIVONS-LE !
REVIENS, ENZO ! C'EST TROP DANGEREUX !
ESSAIE DE M'ATTRAPER.
AU SECOURS, UN MONSTRE !
JE NE SUIS PAS UN MONSTRE. JE SUIS UN CALAMAR COLOSSAL.
JE MESURE 15 MÈTRES. JE DOIS ÊTRE LE PLUS GRAND CALAMAR DU MONDE.
AU SECOURS !

ET LUI, QUI EST-CE ?
JE SUIS UN SERPENT MARIN. JE MESURE AU MOINS 2 MÈTRES.
À L'AIDE !
JE DÉTESTE LES SERPENTS MARINS !
MAIS JE DOIS ME MONTRER COURAGEUX.
ATTAQUE SI TU OSES, SALE BÊTE !
IL EST BIZARRE, CET ANIMAL !
JE VEUX RENTRER CHEZ MOI !
LA HONTE !
ET TES ÉPAVES ?
ÇA M'EST ÉGAL ! RAMÈNE-MOI À LA MAISON.
IL RENONCE À SA CHASSE AUX TRÉSORS ?

LES DORSALES MÉDIO-OCÉANIQUES

La dorsale médio-indienne

La dorsale médio-indienne commence à la dorsale de Carlsberg, dans la mer Rouge, et s'étire vers le sud-est, dans l'océan Indien. Puis elle se divise pour devenir, d'un côté la dorsale sud-est qui contourne l'Océanie par le sud, avant de rejoindre la dorsale du Pacifique Est et, de l'autre, la dorsale sud-ouest qui fait le tour de l'Afrique par le sud et rencontre la dorsale médio-atlantique.

Naissance d'une dorsale océanique

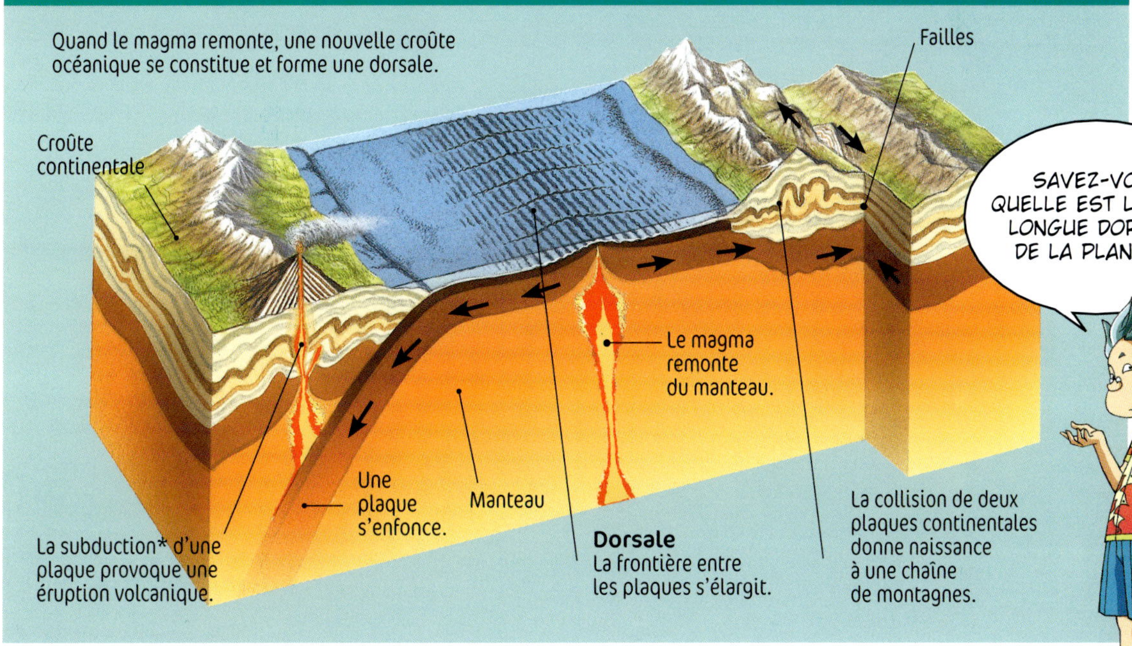

* **Subduction** : c'est l'enfoncement d'une plaque tectonique sous une autre.

EXPLORATION DE L'OCÉAN ATLANTIQUE

L'OCÉAN ATLANTIQUE EST BORDÉ PAR L'AFRIQUE, L'AMÉRIQUE ET L'EUROPE.
SA SUPERFICIE EST DE 82 440 000 KM², SOIT UN SEIZIÈME DE LA SURFACE TOTALE DE LA TERRE.
Amérique du Nord
Europe
Océan Atlantique
Afrique
Amérique du Sud
Océan Pacifique
IL Y A 200 MILLIONS D'ANNÉES, L'EUROPE, L'AFRIQUE ET L'AMÉRIQUE NE FORMAIENT QU'UN SEUL CONTINENT. ILS SE SONT SÉPARÉS. LA FRONTIÈRE ENTRE EUX S'EST ÉLARGIE, FORMANT LA DORSALE MÉDIO-ATLANTIQUE.
L'OCÉAN ATLANTIQUE MESURE ENVIRON 9600 KM DE LARGE. IL S'ÉTEND DE 2 À 4 CENTIMÈTRES PAR AN.
COMMENT EST-CE POSSIBLE ?
C'EST À CAUSE DE LA DORSALE MÉDIO-ATLANTIQUE. TU VAS VOIR...

La dorsale médio-atlantique

Elle s'étire de l'océan Arctique jusqu'au sud de l'Afrique. Le long de cette dorsale, les volcans sont toujours actifs et la remontée du magma forme continuellement de nouvelles croûtes qui s'agrandissent entre 2 et 4 centimètres par an.

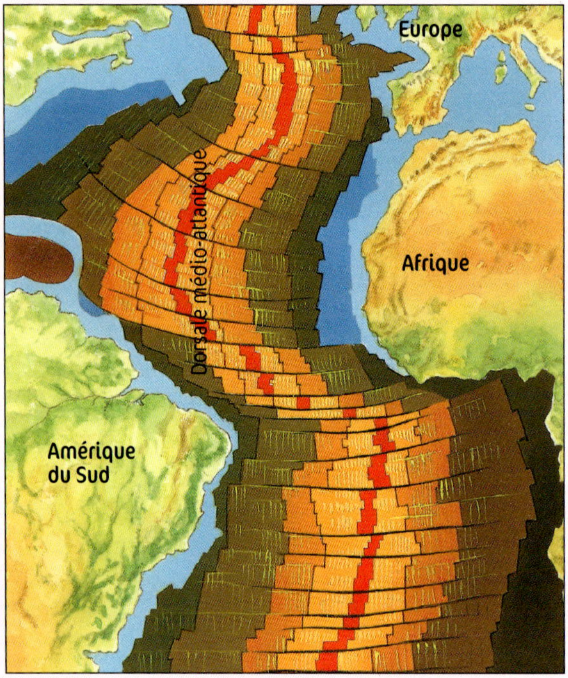

Il y a 200 millions d'années. La croûte océanique la plus ancienne se situe tout près des continents.

Il y a 65 à 140 millions d'années. Croûte formée à l'époque des dinosaures.

Il y a 20 à 65 millions d'années. Croûte formée en même temps que les Pyrénées et l'Himalaya.

Il y a 2 à 20 millions d'années. Croûte formée en même temps que les plus hauts sommets de l'Himalaya.

Depuis 2 millions d'années. La croûte la plus récente longe l'axe de la dorsale.

LA PROFONDEUR MOYENNE DE L'OCÉAN ATLANTIQUE EST D'ENVIRON 3926 M.
SAVEZ-VOUS COMBIEN MESURE LA FOSSE LA PLUS PROFONDE, CELLE DE PUERTO RICO ?
BIP BIP BIP
9218 M !
DANS LA MER DES CARAÏBES, SITUÉE À LA FRONTIÈRE DE DEUX PLAQUES, ON TROUVE 14 % DES RÉCIFS CORALLIENS DE LA PLANÈTE.
Iceberg de l'Arctique
NOUS VOICI DANS L'OCÉAN ATLANTIQUE NORD.
IL Y A PLEIN D'ICEBERGS VENUS DE L'OCÉAN ARCTIQUE.
OÙ VONT-ILS ?
ILS SONT ÉNORMES !

TOPOGRAPHIE DE LA MARGE CONTINENTALE

Marge continentale

Selon son apparence, elle se divise en plateau, talus et glacis continental. Selon la profondeur de l'eau, elle se distingue en zones littorale, bathyale et abyssale.

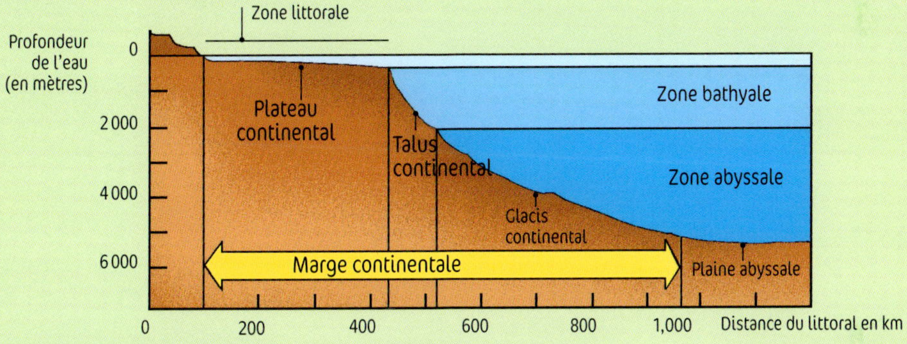

Zone littorale (0 à 200 m)
Cette zone correspond au plateau continental. Elle reçoit encore les rayons du soleil.

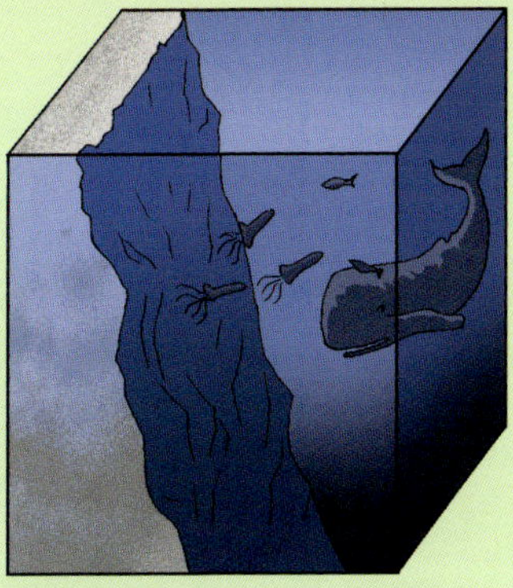

Zone bathyale (200 à 2 000 m)
Elle correspond au talus continental. Dans sa pénombre subsistent le zooplancton, les calamars, les crevettes japonaises.

Zone abyssale (2 000 et 6 000 m)
Elle correspond au glacis continental, aux plaines abyssales, aux fosses océaniques et aux dorsales. Aucune lumière solaire ne la traverse.
Y vivent les baudroies abyssales et les grenadiers**.

* On peut aussi classer les fosses océaniques dans la zone hadale (entre 6 000 et 10 000 m).

** **Grenadier :** ou poisson queue-de-rat, appartient à la famille des *Macrouridae*.

Canyon sous-marin et delta abyssal

Le canyon sous-marin part du plateau continental, à l'embouchure d'un fleuve. Il s'élargit progressivement par érosion de l'eau et des sédiments. Le delta se forme à l'extrémité du canyon par accumulation des sédiments qui s'étalent en éventail sur la plaine abyssale.

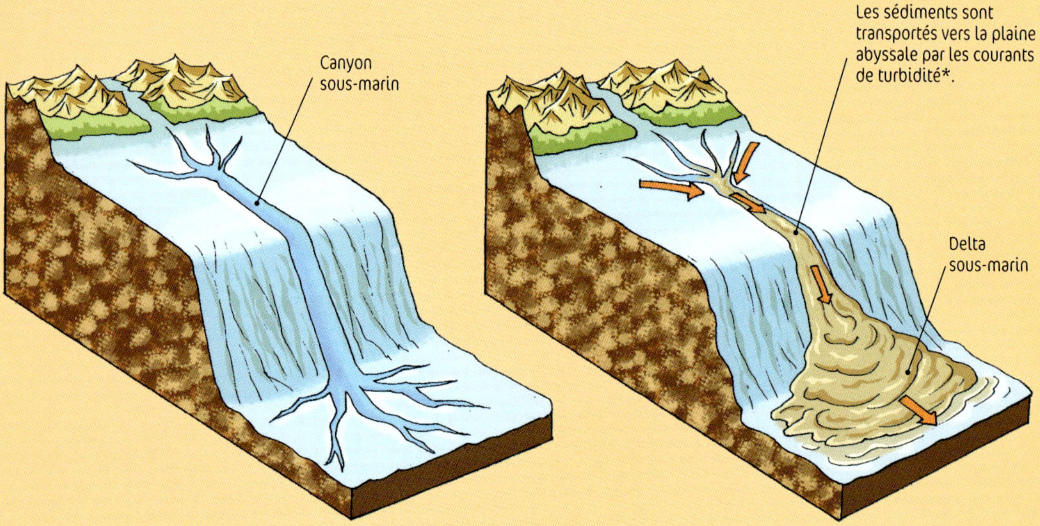

* **Courants de turbidité :** eau chargée de sédiments qui dévale le talus continental.

EN OBSERVANT LES SÉDIMENTS DÉPOSÉS DANS LE DELTA, ON S'APERÇOIT QUE LES PARTICULES LES PLUS LÉGÈRES SE SONT DÉPOSÉES SUR LES PLUS LOURDES. ON APPELLE ÇA LE GRANOCLASSEMENT.
AH, JE SAIS !
TU SAIS QUOI ?
POURQUOI ON NE VOIT PAS LES ÉPAVES.
EH BIEN, JE T'ÉCOUTE...
JE CROIS QUE LES SÉDIMENTS ONT RECOUVERT TOUTES LES ÉPAVES DANS LES CANYONS.
C'EST POSSIBLE, EN EFFET.
NOUS ALLONS MAINTENANT PLONGER DANS LA PLAINE ABYSSALE.
VOUS ALLEZ VOIR DES CRÉATURES RARES. VOUS ÊTES-PRÊTS ?
ET SI J'EN ATTRAPAIS QUELQUES-UNES POUR LES VENDRE ?
HÉ ! HÉ ! HÉ !

LES ÉTRANGES CRÉATURES DES GRANDS FONDS MARINS

Créatures aquatiques émettant leur propre lumière

Cténaires, poissons-haches, *Kryptophanaron alfredi* et poissons-lanternes. Certains calamars diffusent même des lumières de quatre couleurs différentes.

Thalassocalyce

* **Prédateur :** animal qui se nourrit de proies.

Habitants des grands fonds marins

EXPLORATION DE L'OCÉAN ARCTIQUE

La banquise* flottant sur l'océan Arctique.

* **Banquise** : amas de glace flottante pouvant atteindre plusieurs millions de kilomètres carrés (variable selon les saisons).

Océan Arctique

Sa superficie atteint 12 257 000 km². Sa profondeur moyenne est de 1 205 mètres. Le point le plus profond se trouve à 5 502 mètres.

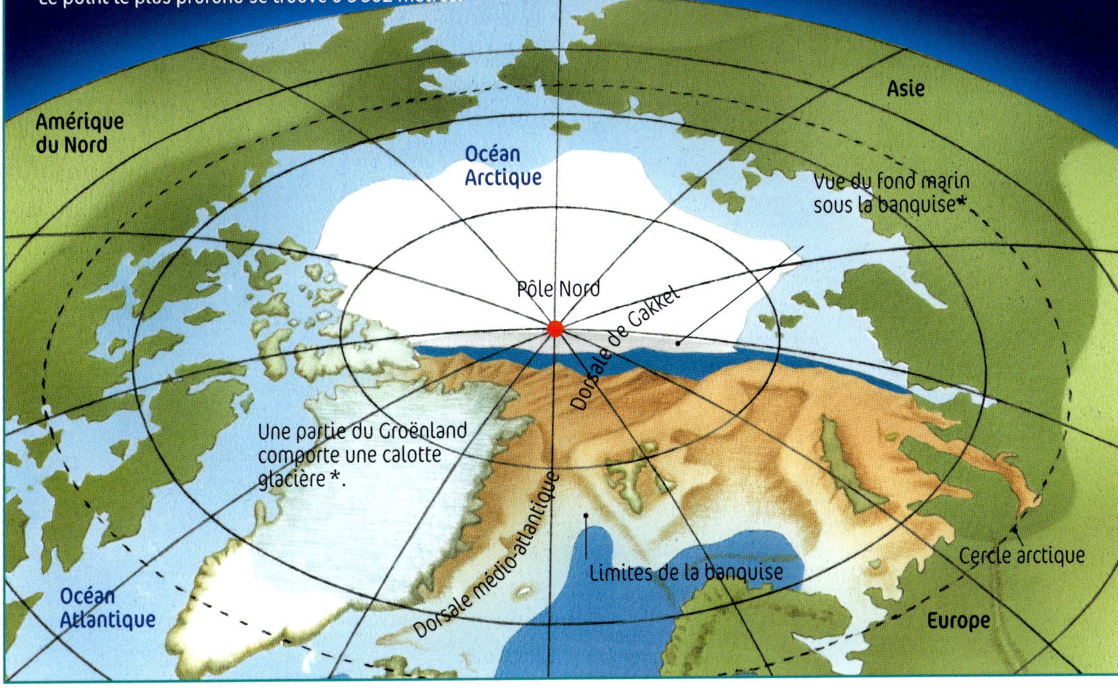

* **calotte glacière :** plateau glacé et enneigé qui ne fond jamais.

Pourquoi fait-il froid au pôle Nord* ?

La zone autour de l'équateur est éclairée en plein par le soleil, mais à cause de l'inclinaison de la Terre, le pôle Nord ne reçoit que peu de lumière solaire. En hiver, il n'en profite pas du tout, à cause de l'inclinaison de la Terre. Il reste donc gelé.

En été, le pôle Nord est éclairé même pendant la nuit. C'est le soleil de minuit.

En hiver, le pôle Nord ne reçoit aucune lumière. C'est la nuit polaire.

Nansen (1861-1930)
Zoologue norvégien, parti en expédition pour explorer le pôle Nord en 1893.

* **Pôle Nord :** point le plus au nord de la Terre, à 90° de latitude nord.

* La banquise permanente ne fond jamais.

Les habitants du pôle Nord

Bœuf musqué
Il mesure de 1,9 à 2,3 mètres.

Sterne arctique
Elle mesure 35,5 centimètres de longueur.

Renne
Il mesure de 1,1 à 2,2 mètres.

Baleine blanche
Elle mesure de 4,5 à 5 mètres.

Renard polaire
Il mesure de 50 à 60 centimètres.

Morse
Il mesure de 3 à 3,7 mètres.

BANQUISE ET ICEBERGS

LES ICEBERGS ET LA BANQUISE SE DISTINGUENT AUSSI PAR LA TAILLE. LA BANQUISE S'ÉTALE PLUS EN LARGEUR, MAIS ELLE EST MOINS HAUTE.
POURTANT, CET ICEBERG NE ME SEMBLE PAS SI GRAND QUE ÇA !
C'EST PARCE Q TU N'EN VOIS QUE LA PART ÉMERGÉE
La partie immergée d'un iceberg représente 90 % de son volume. C'est de là que vient l'expression "la partie immergée de l'iceberg".
90 % DES ICEBERGS DE L'OCÉAN ARCTIQUE VIENNENT DES CÔTES DU GROËNLAND.
J'AI TROP FROID, JE N'ENTENDS PLUS RIEN !
ALLÔ ! ICI LE DÉSERT D'ARABIE. APPORTE-MOI DES ICEBERGS, JE TE PAIERAI.
OK !
YOUPI ! JE VAIS FAIRE FORTUNE !
JE N'AI PLUS QU'À LE REMORQUER.
QUE VAIS-JE FAIRE DE TOUT CET ARGENT ? HI ! HI ! HI !

* **Nœud :** unité de vitesse utilisée en navigation maritime. Un nœud correspond à 1,852 km/h.

LES COURANTS MARINS

Les courants marins

Sous l'effet de la rotation de la Terre, les principaux courants marins se déplacent toujours dans le sens des aiguilles d'une montre dans l'hémisphère nord, et dans le sens inverse dans l'hémisphère sud.

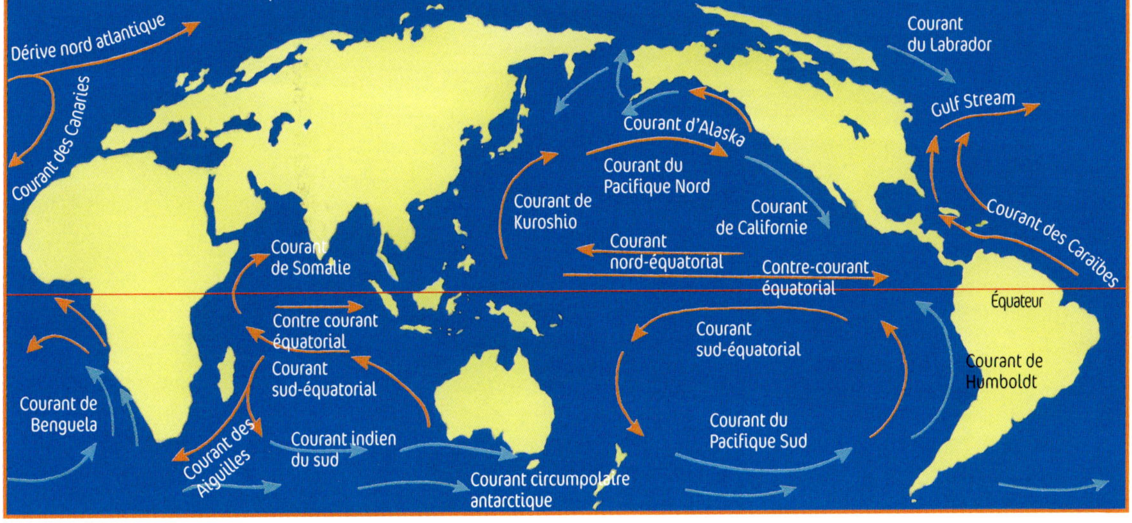

Exemple de courants profonds de l'Atlantique Nord

La mer dans les zones polaires a une haute densité due à la formation des glaciers et a une température proche de 4 °C (température à laquelle l'eau atteint sa densité maximale). L'eau froide plonge profondément dans les océans et se déplace vers l'équateur. L'eau de faible densité remonte à la surface et se dirige vers les zones polaires. Les courants profonds se déplacent très lentement, à peine de quelques mètres par jour. Ainsi circulent les courants marins.

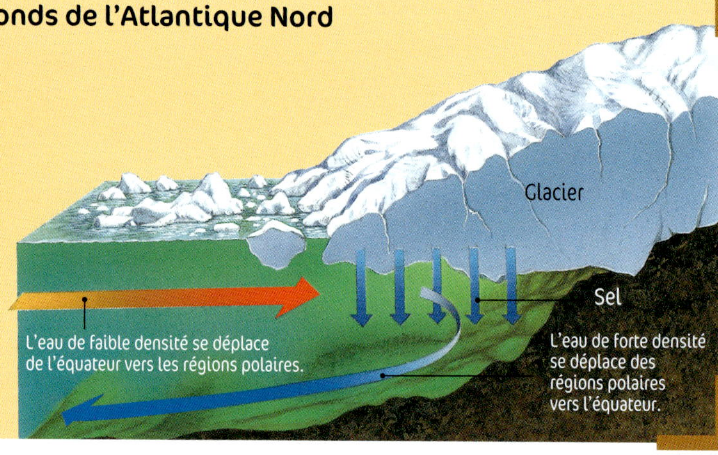

LES VAGUES

Comment naissent les vagues ?

Les vagues se forment de différentes façons.

COMME L'A DIT LISE, LA PLUPART DES VAGUES SE FORMENT SOUS L'ACTION DU VENT.
J'AJOUTERAIS MÊME QUE LE VENT EST PROVOQUÉ PAR DES VARIATIONS DE TEMPÉRATURE ET DE PRESSION ATMOSPHÉRIQUE.
AUTREMENT DIT, PAR LA DIFFÉRENCE ENTRE L'AIR FROID ET L'AIR RÉCHAUFFÉ PAR LE SOLEIL.
PAS MAL !
PENDANT LA JOURNÉE, LE VENT SOUFFLE DE LA MER VERS LE CONTINENT, ET DANS L'AUTRE SENS PENDANT LA NUIT.
ON APPELLE CES VENTS LA BRISE DE MER ET LA BRISE DE TERRE.
OUI, MADEMOISELLE JE-SAIS-TOUT !
Le jour
L'air réchauffé par le soleil se déplace vers la mer.
Brise de mer
Brise de mer - Pendant la journée, l'air venant de la terre, réchauffé par le soleil, monte. L'air froid à la surface de la mer vient le remplacer.
La nuit
L'air de la mer réchauffé se déplace vers la terre.
Brise de terre
Brise de terre - Pendant la nuit, la mer se refroidit plus lentement que la terre et l'air au-dessus remonte. L'air froid à la surface de la terre vient le remplacer.
LES VAGUES SONT PROVOQUÉES PAR LE VENT À LA SURFACE DE LA MER. LES GENS EN PROFITENT POUR PRATIQUER LE SURF.
1 - Le vent agite la surface de l'eau.
2 - Les vagues se déplacent dans le sens du vent.
Le vent
Les vagues grossissent de plus en plus.

feur glissant sur une vague

Plus le vent est fort et vient de loin, plus les vagues sont grosses. Certaines peuvent atteindre jusqu'à 34 mètres de hauteur.

Qu'est-ce qu'une zone de basse pression ?

C'est un endroit où la pression atmosphérique est plus basse. La différence de pressions exerce une force sur l'air, mais à cause de la rotation de la terre, le vent souffle autour des dépressions. Des nuages se forment et la pluie tombe.

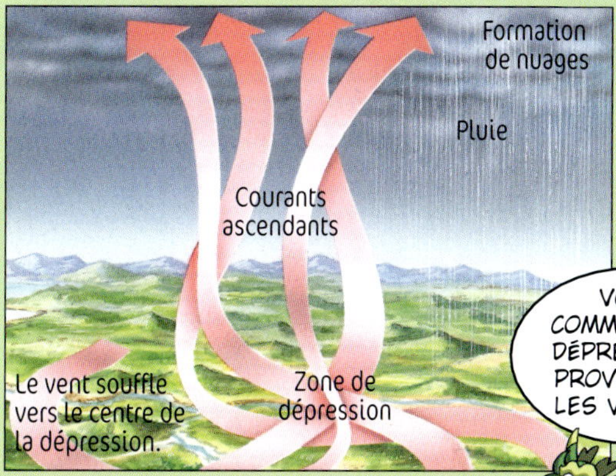

Vent et vagues

Les dépressions causent le vent. Le vent forme les vagues.

CYCLONES ET RAZ-DE-MARÉE

Les cyclones dans le monde

Dans le Pacifique Nord, on appelle les cyclones des typhons. Dans l'Atlantique, des ouragans. Dans l'océan Indien, on parle de cyclones tropicaux.

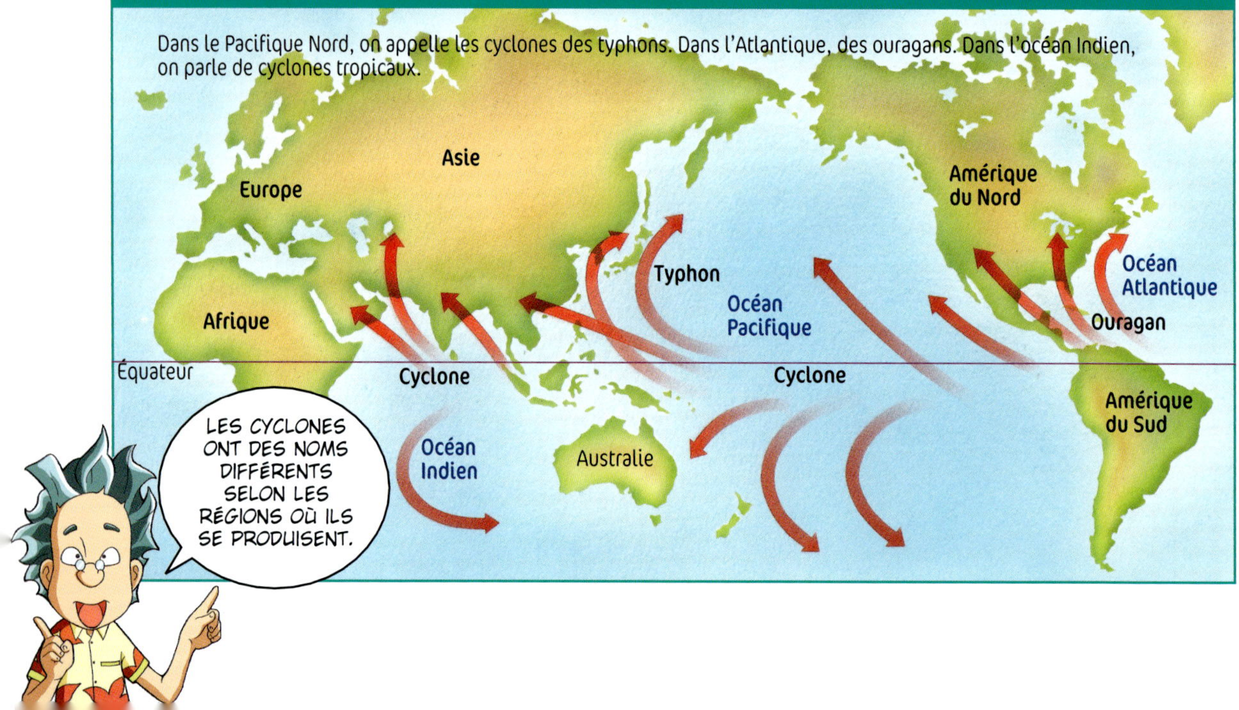

* dans l'hémisphère Nord.

Pourquoi la partie droite d'un cyclone est-elle la plus dangereuse ?

Sur le côté droit, les vents et la vitesse du déplacement du cyclone s'ajoutent.
Sur le côté gauche, ils se soustraient (et l'inverse dans l'hémisphère Sud).

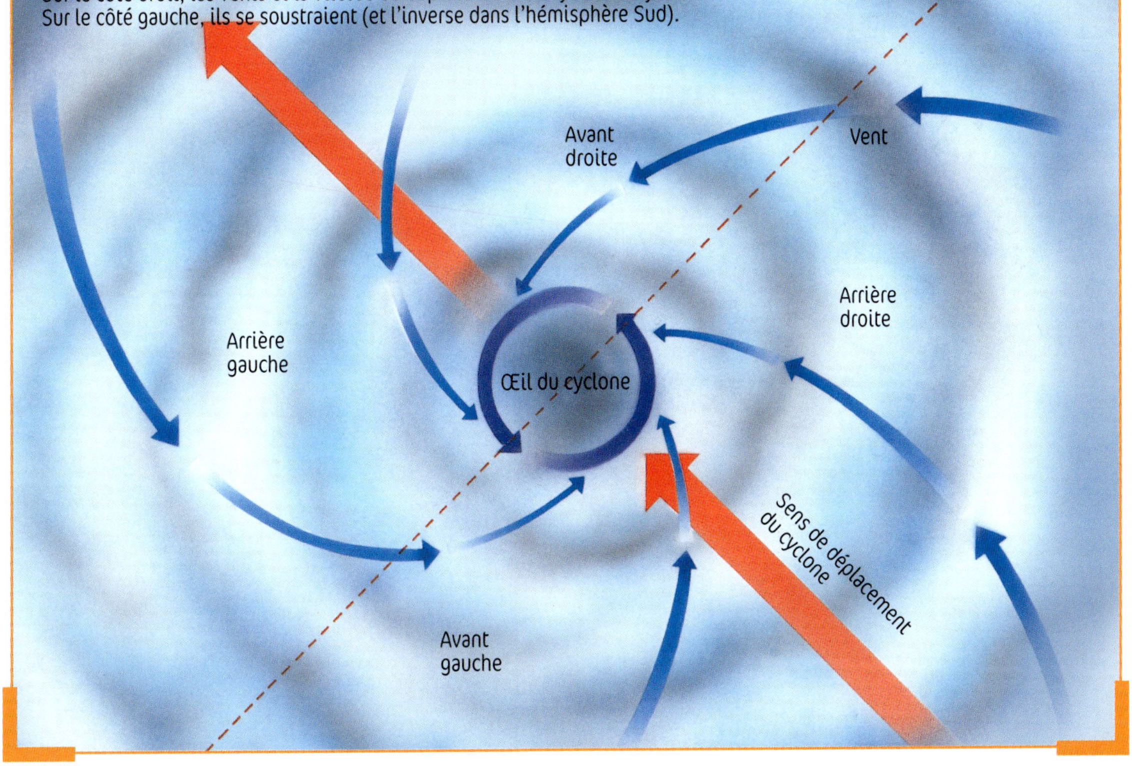

Un raz-de-marée
provoqué par un séisme sous-marin ou par certaines conditions météorologiques. Il ravage la côte de ses vagues gigantesques.

En mai 1960, un gigantesque raz-de-marée s'est produit sur les côtes du Chili, en Amérique du Sud. Sa vitesse atteignait 720 km/h. En vingt-trois heures, il traversa le Pacifique pour aller dévaster le Japon de l'autre côté de l'océan.

Naissance d'un raz-de-marée

Au large, l'amplitude des vagues atteint à peine 50 centimètres. En arrivant sur la côte, elles deviennent soudain énormes.

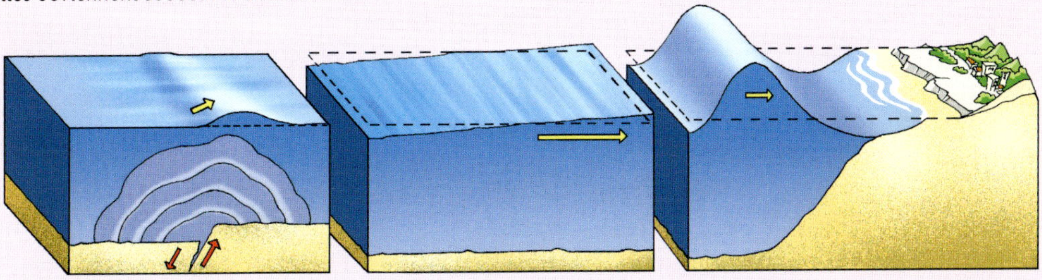

1 - À la suite d'un glissement de terrain, il se produit un fort déplacement d'eau.

2 - Celui-ci provoque un mouvement de grande longueur d'onde qui se propage rapidement.

3 - En arrivant sur la côte, sa vitesse diminue et son amplitude augmente. Des vagues gigantesques ravagent le littoral.

L'île de Sumatra, en Indonésie, dévastée par un tsunami en 2004.

MARÉE HAUTE ET MARÉE BASSE

* **Estran :** partie du littoral recouverte par les marées.

QU'EST-CE QU'IL FAIT, TONTON ?
IL RAMASSE LES POISSONS VOLANTS PRIS DANS LE PIÈGE ?
LE PÊCHEUR DOIT ÊTRE CONTENT. IL N'A PLUS QU'À RAMASSER SA PÊCHE.
IL NE FAIT QUE PROFITER DE LA MARÉE.
À CET ENDROIT, LA MER RECOUVRAIT TOUT, MAIS MAINTENANT, C'EST LA MARÉE BASSE.
DANS CERTAINES RÉGIONS, LA DIFFÉRENCE DE NIVEAU D'EAU PEUT ATTEINDRE 15 MÈTRES.
Niveau de la mer à marée haute
9 m
Niveau de la mer à marée basse
DANS LA MER JAUNE, PAR EXEMPLE, LA DIFFÉRENCE MOYENNE DU NIVEAU D'EAU EST DE 9 MÈTRES.
WAOUH !

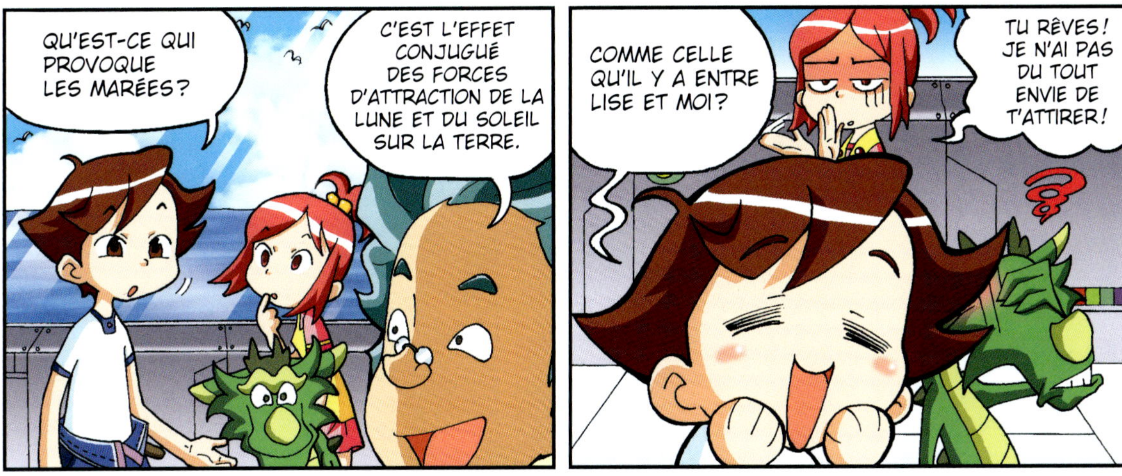

La force de gravitation de la Lune et les marées

La Lune attire l'eau et rend la mer plus volumineuse du côté où elle est le plus proche de la Terre (1). De l'autre côté, sous l'effet de la force centrifuge due à la rotation de la Terre, l'eau de la mer essaie de s'enfuir (2). C'est pourquoi les marées se produisent deux fois par jour.

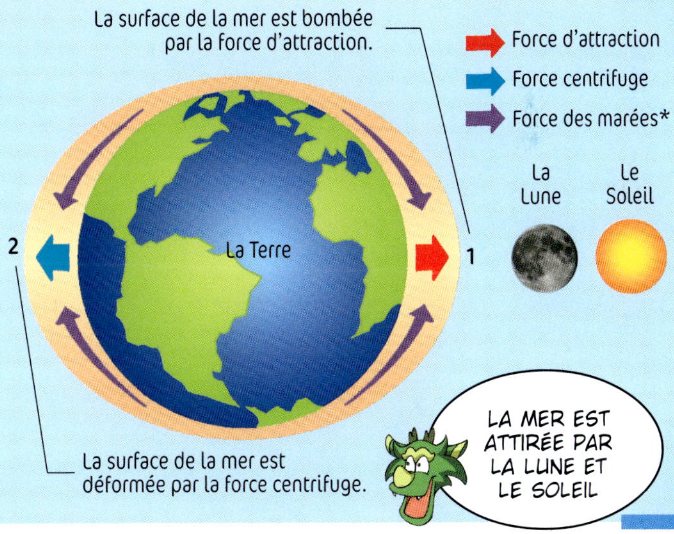

* **Force des marées :** c'est la force qui résulte de la force d'attraction de la Lune et du Soleil et de la force centrifuge de la Terre. Elle déforme la surface de l'eau des océans et provoque les marées.

Marées de vives-eaux et marées de mortes-eaux

Marées de vives-eaux

● Les forces d'attraction du Soleil et de la Lune s'additionnent. Les marées sont importantes.

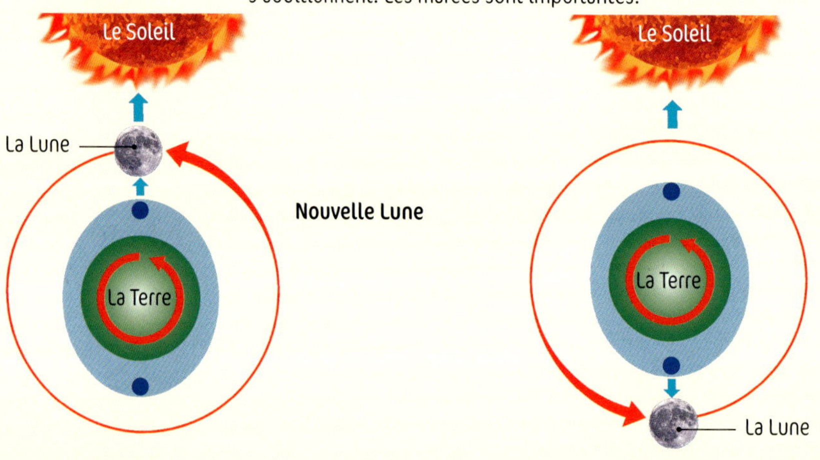

Marées de mortes-eaux

● Les forces du Soleil et de la Lune s'opposent. Les marées sont faibles.

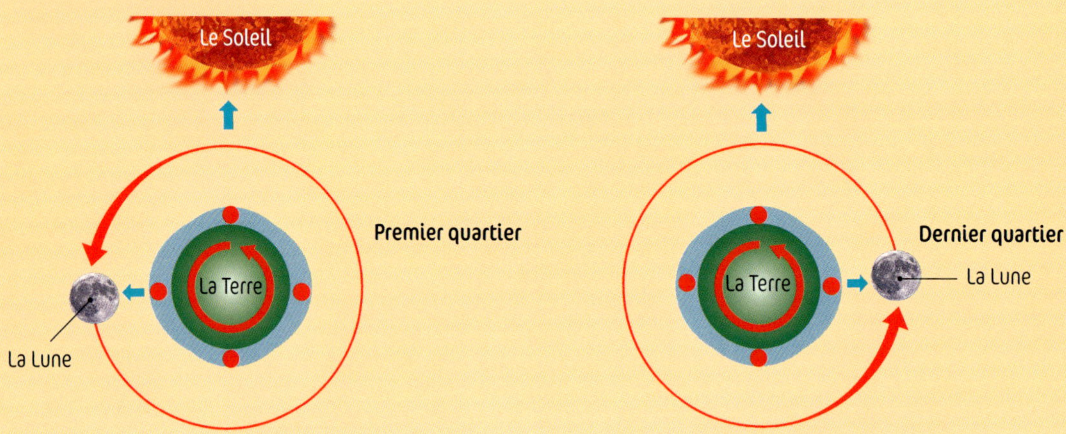

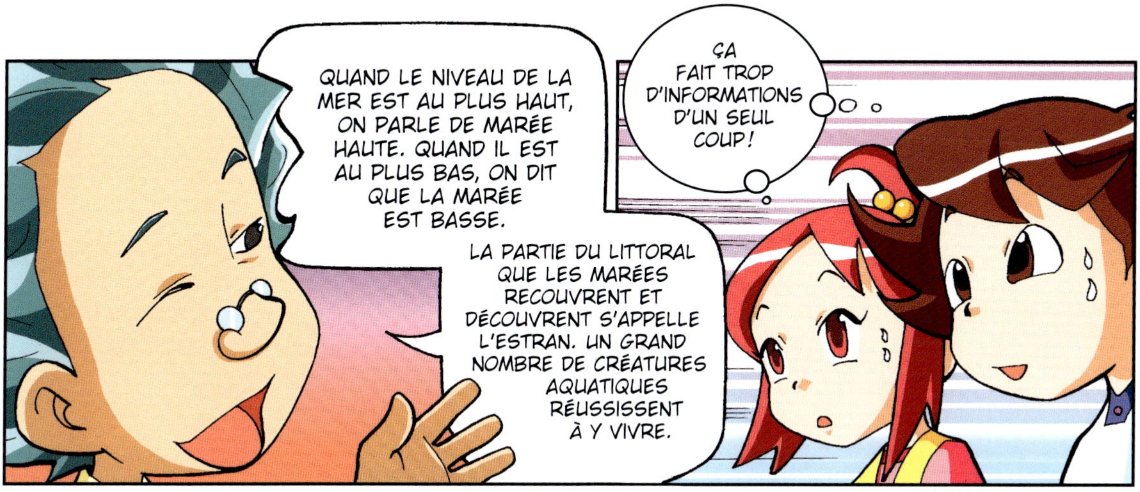

Les habitants de l'estran

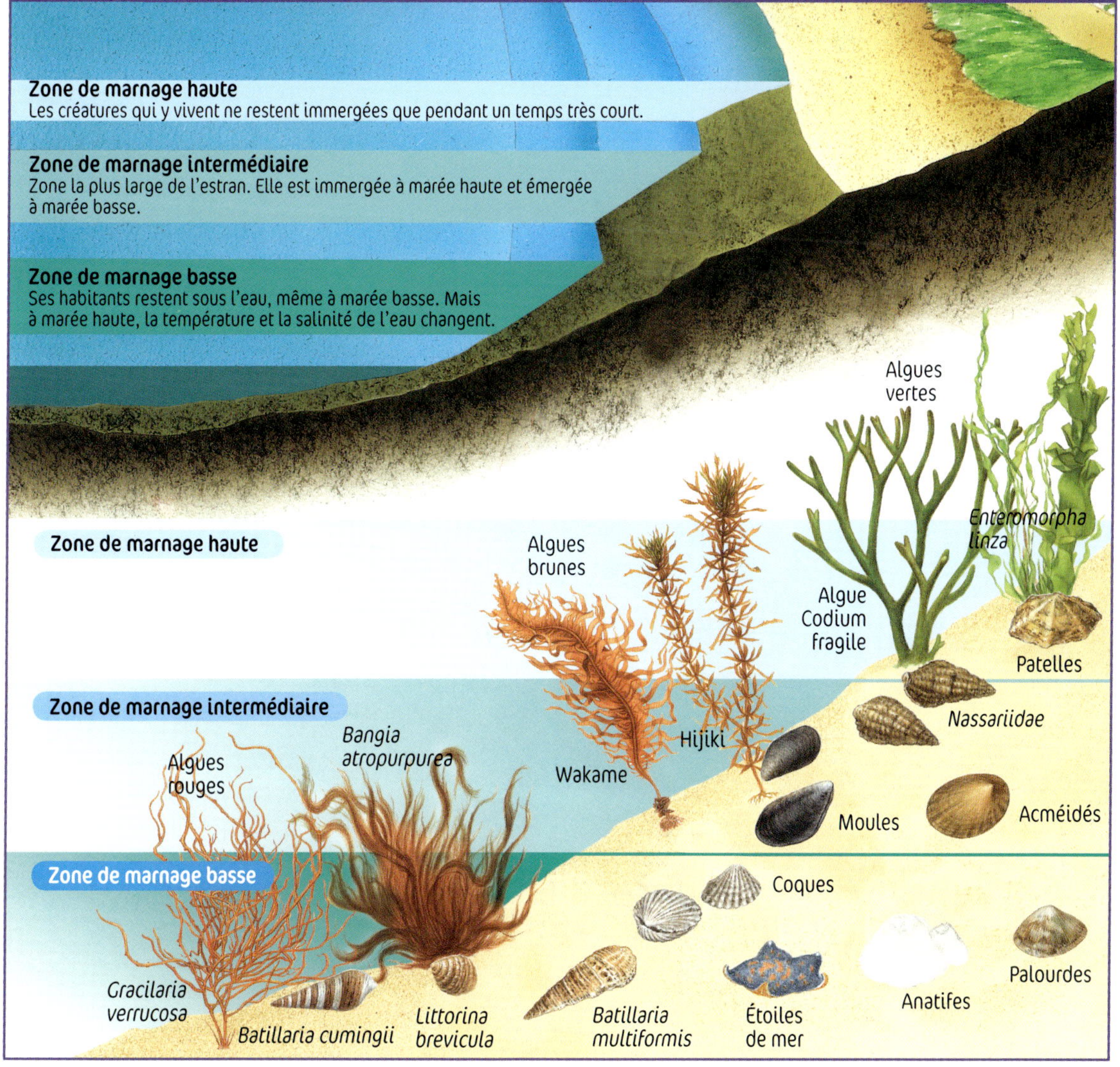

LE PÔLE SUD

JE MEURS DE CHAUD !
FLAP
FLAP
NOUS DEVONS TRAVERSER L'ÉQUATEUR POUR GAGNER LE PÔLE SUD.
JE MANGERAIS BIEN UNE CRÈME GLACÉE POUR ME RAFRAÎCHIR !
0°
30°
40°
0°
30°
40°
BIENTÔT, TU AURAS TELLEMENT FROID QUE ÇA T'ENLÈVERA TES ENVIES DE GLACE.
MAIS POUR L'INSTANT, J'AI VRAIMENT TROP CHAUD !
ON FERA DU SKI QUAND ON SERA AU PÔLE SUD.
BONNE IDÉE !
JOUONS AUX DEVINETTES POUR OUBLIER LA CHALEUR.
HOP !
ÇA NE ME DIT PAS TROP.

Le continent Antarctique est entouré d'un océan glacial, l'océan Antarctique. La glace de l'Arctique est formée de mer gelée, mais celle de l'Antarctique est constituée de neige accumulée.

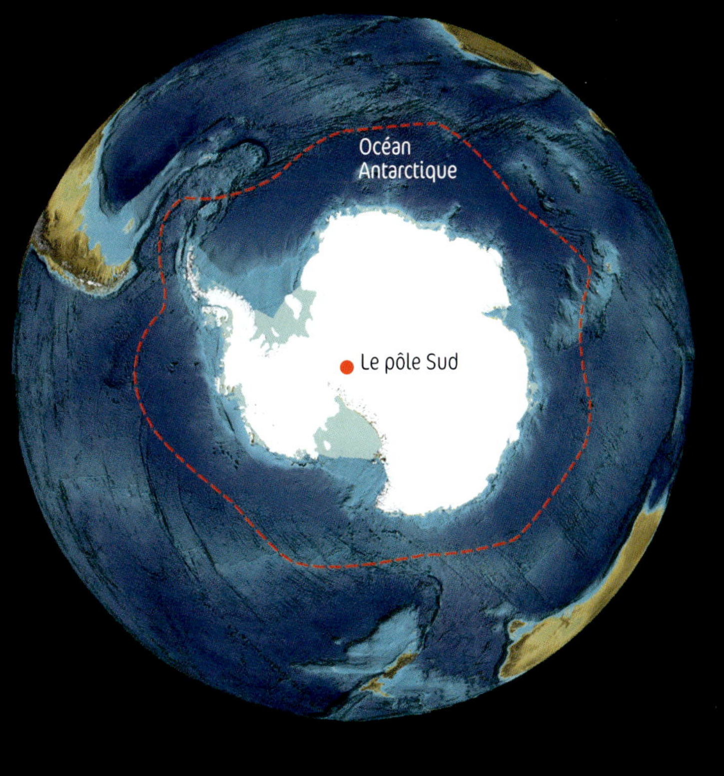

Le continent Antarctique

Sa superficie est d'environ 13 600 000 km² et la température au centre du continent atteint - 55 °C.

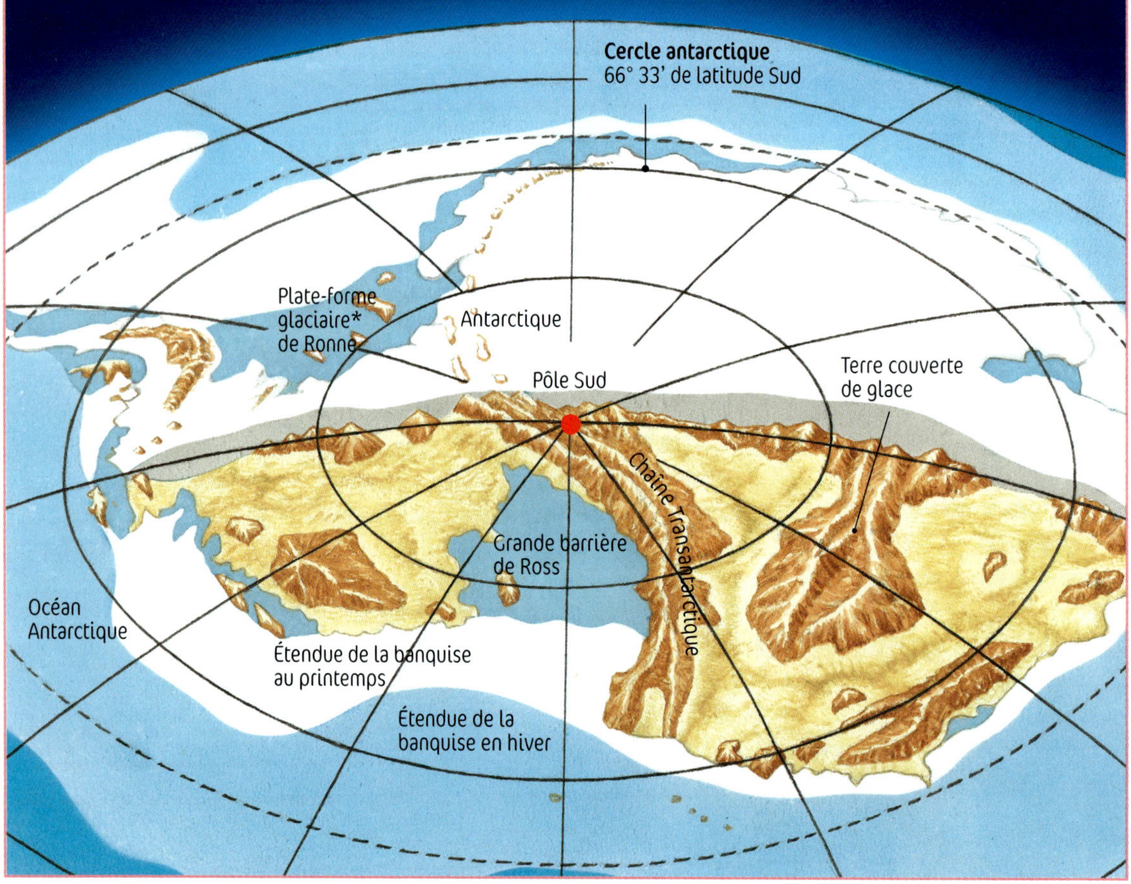

*** Barrière de glace ou plate-forme :** morceau de glace attaché au continent qui conserve la même taille tout au long de l'année.

Les manchots de l'Antarctique

Le gorfou sauteur
Il mesure 55 centimètres.

Le manchot de Humboldt
Il mesure 67 centimètres.

Le manchot de Magellan
Il mesure 67 centimètres.

Les animaux de l'Antarctique

Le mâle mesure 5 mètres.

La femelle mesure 3 mètres.

L'éléphant de mer du Sud

Goéland dominicain
Il mesure de 61 à 66 centimètres.

Otarie à fourrure antarctique
Elle mesure de 1,2 à 2 mètres.

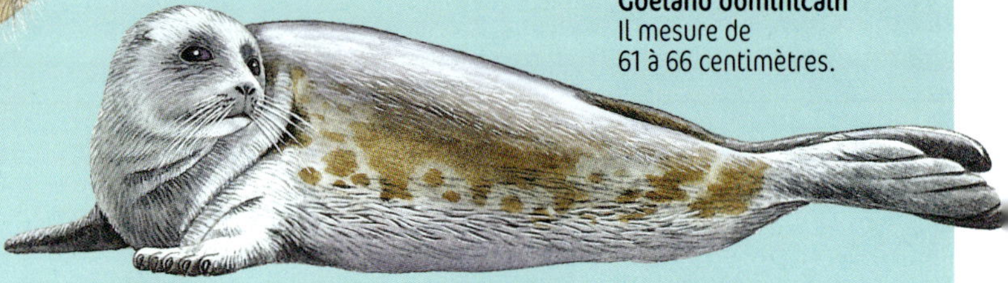

Phoque crabier
Il mesure de 2,3 à 2,6 mètres.

Krill
Il mesure 6 centimètres.

Orque
Il mesure de 7 à 10 mètres.

LES BASES SCIENTIFIQUES ANTARCTIQUES

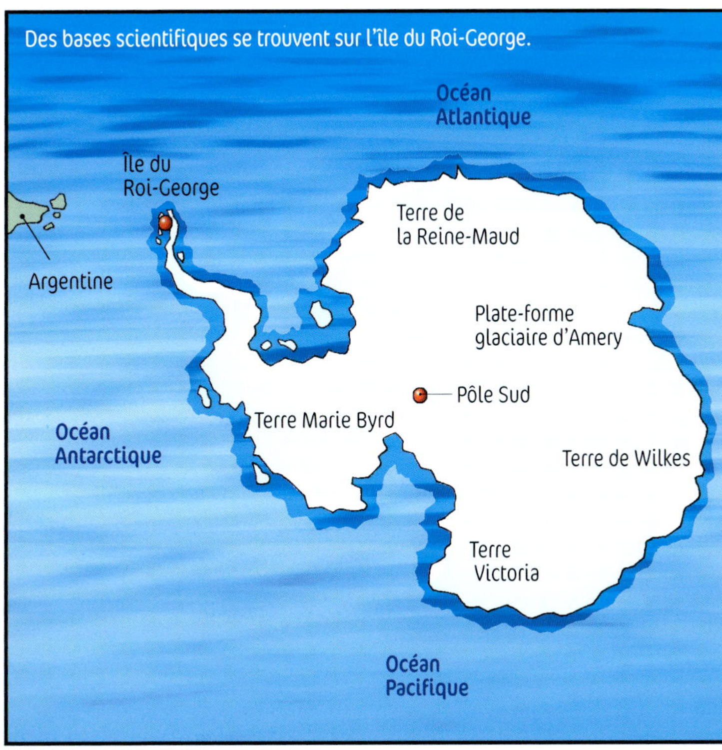

Une base scientifique.
Les bâtiments rouges qui ressemblent à des containers sont des laboratoires de recherche. en bas, les tubes argentés sont des réservoirs de combustibles.

VOICI UNE BASE DE L'ANTARCTIQUE. ALLONS INTERROGER LES SCIENTIFIQUES !
SOYEZ LES BIENVENUS !
BONJOUR !
JE SUIS TRÈS HEUREUX DE RENCONTRER DES COMPATRIOTES SCIENTIFIQUES.
MERCI !
JE SUIS RAVI, MOI AUSSI.
QU'EST-CE QUE C'EST QUE CET ANIMAL BIZARRE ?
EUH... C'EST UN ROBOT.
UN ROBOT ? MOI ? NON MAIS !
UN ROBOT QUI PARLE ?

* **Krill** : population de petits crustacés des eaux froides antarctiques.

Le soleil de minuit ou jour polaire. C'est un phénomène particulier aux hautes latitudes, au-delà de 66°. Il se produit en été dans les régions polaires. Comme la Terre tourne sur elle-même sur un axe incliné à 23,5°, dans les régions tournées vers le soleil au-delà des cercles polaires, le soleil reste visible durant les vingt-quatre heures de la journée, autour du solstice d'été. Quand c'est l'hiver au pôle Nord, c'est l'été au pôle Sud. On ne peut donc pas voir le soleil de minuit aux deux pôles en même temps (voir schéma page 90).

PÉTROLE ET GAZ NATUREL

* **Traité sur l'Antarctique** : il a été établi à l'initiative du président américain Eisenhower. Il vise, entre autres, à assurer une utilisation pacifique de l'Antarctique, la liberté de la recherche scientifique, le gel des revendications territoriales et l'interdiction des essais nucléaires.

Plate-forme pétrolière

On appelle forage l'action de creuser un trou profond dans le sol pour rechercher des ressources souterraines, telles que du pétrole, du gaz naturel ou des minerais. Une fois le gisement de pétrole trouvé et sa rentabilité économique* estimée, on construit une plate-forme pétrolière pour l'exploiter.

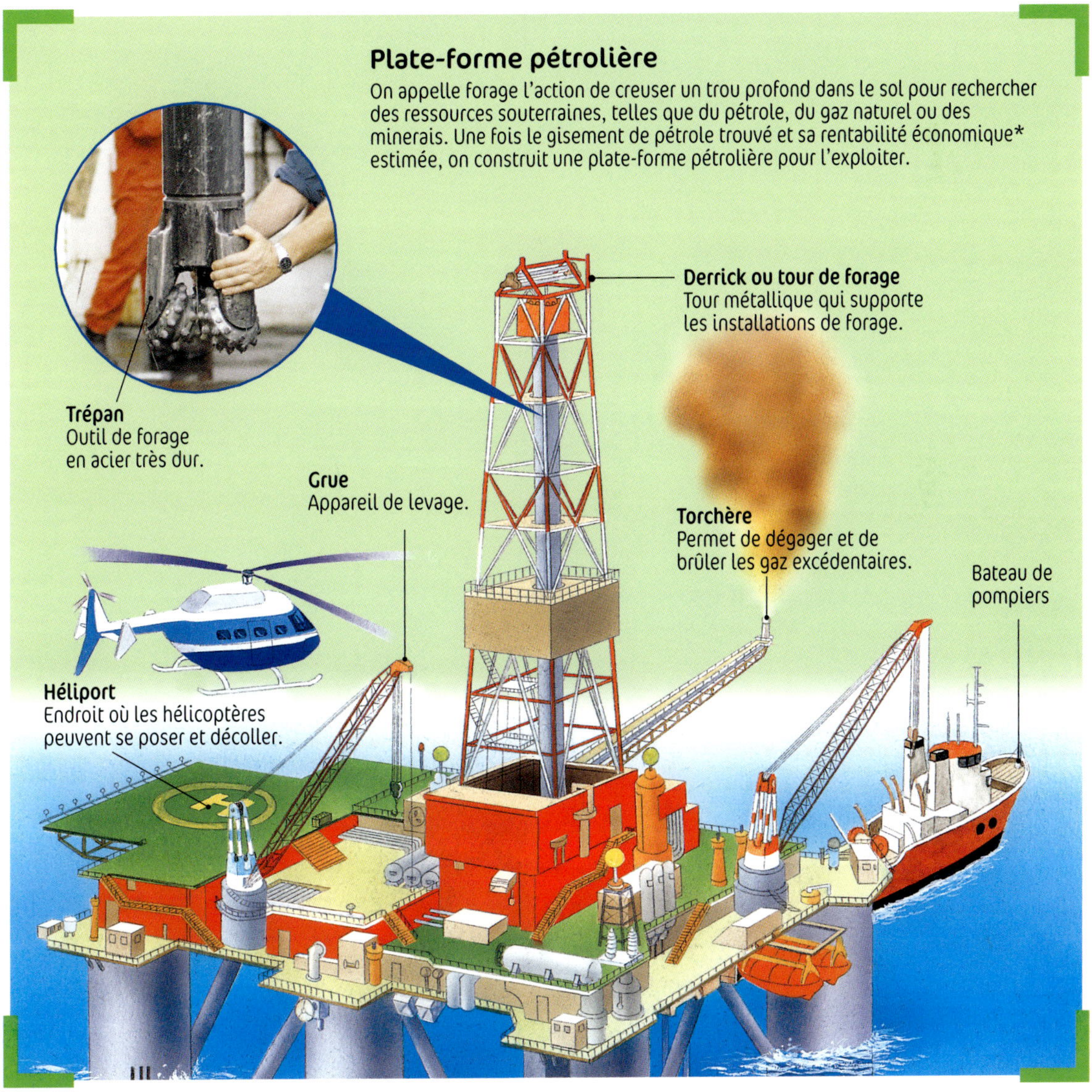

* Un produit est rentable économiquement lorsque le bénéfice est plus grand que l'argent, le temps et le travail investis. Dans le cas des plates-formes pétrolières, la rentabilité économique indique que les profits retirés par l'extraction du pétrole sont plus grands que les dépenses engagées.

D'où vient le pétrole ?

Nous savons que le pétrole sert à produire l'essence pour les voitures. Mais il a aussi de multiples usages dans notre vie quotidienne : chauffage, fabrication de vêtements, peinture, produits pharmaceutiques...

Le pétrole se forme de la façon suivante :

Du plancton et toutes sortes de cadavres d'animaux sont emprisonnés dans les profondeurs de la terre sur les plateaux continentaux.

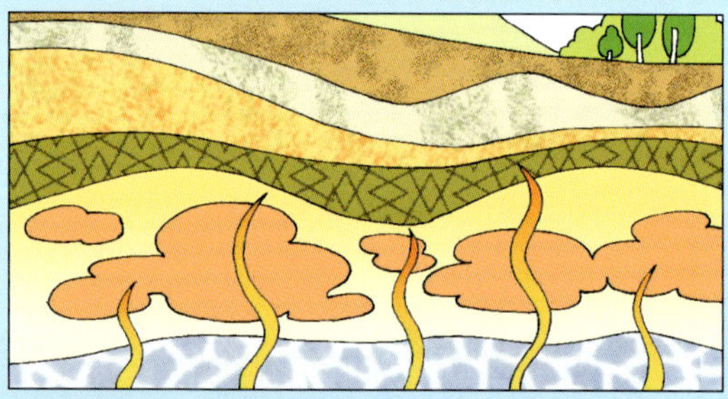

Ces dépôts se liquéfient sous l'action de la pression et de la chaleur pendant une très longue période et forment des gisements.

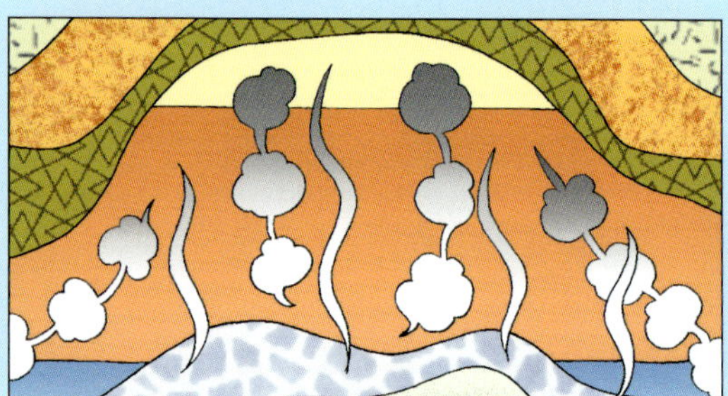

À la suite d'une transformation chimique complexe, ils deviennent des nappes de pétrole.

Puits de pétrole

Plate-forme pétrolière.

LES COULEURS DE LA MER

* La **mer Rouge** est une mer longue et étroite située entre l'Afrique et la péninsule arabique. Elle tire son nom des algues rouges.

Traitement de la marée rouge par l'argile

POURQUOI L'EAU DE LA MER EST-ELLE SALÉE ?

TU NE PAS NOUS EXPLIQUER, TONTON ?
SUPERDRAGON VOUS L'A DÉJÀ DIT. C'EST À CAUSE DU SEL.
OH, YEAH !
MAIS D'OÙ VIENT CE SEL ?
QUEL NUL !
AU MOMENT DE LA NAISSANCE DE LA TERRE, IL EST TOMBÉ D'ABONDANTES PLUIES.
Les pluies ont lessivé la surface de la Terre, en entraînant le sel avec elles.
Le sel s'est dissous dans la mer.
TOUT CE SEL, ÇA ME DONNE SOIF !
BOIS DE L'EAU DE MER. NOUS DEVONS ÉCONOMISER L'EAU POTABLE.
PAF
AÏE !
JE ME SUIS MORDU LA LANGUE !
SURTOUT PAS, C'EST DANGEREUX ! ABSORBER DE L'EAU TROP SALÉE PEUT ENTRAÎNER LA MORT.
NON ?
VRAIMENT ?

Pourquoi les aliments salés donnent-ils soif ?

Le corps humain s'efforce de maintenir un taux de sel constant dans l'organisme. Si la quantité de sel augmente, le corps réclame de l'eau pour le diluer et rétablir l'équilibre. C'est pourquoi on ressent de la soif. De même, quand on transpire, le taux de sel augmente à cause de la perte en eau du corps, ce qui donne envie de boire.

DÉSALINISATION DE L'EAU DE MER

Histoire de la désalinisation

La première station de désalinisation a vu le jour pendant la Seconde Guerre mondiale. Elle était destinée à approvisionner les armées en eau. Le Koweit a été le premier pays à adopter le système en 1956, suivi par d'autres pays du Moyen-Orient, tels que les Émirats arabes unis, l'Arabie Saoudite et le Qatar.

Usine de désalinisation dans les Émirats arabes unis.

La désalinisation

Distillation (évaporation)
On fait chauffer l'eau salée, puis on refroidit la vapeur pour recueillir l'eau douce.

Osmose inverse (filtrage)
On fait passer l'eau de mer à travers une membrane spéciale qui retient le sel.

Congélation
L'eau salée, en gelant, rejette le sel

Marais salant : on emprisonne l'eau de mer dans une sorte de champ, puis on la laisse s'évaporer pour récolter le sel.

Les minerais de la mer

La plupart ne sont présents que sous forme de particules dissoutes dans l'eau de mer ou sont enfouis dans les fonds marins.

Or

Platine

Argent

Ilménite *

Zircon **

Magnésium

* **Ilménite** : oxyde minéral de fer et de titane. Il est opaque, de couleur noire ou brun foncé. Il entre dans la fabrication de la peinture et dans la composition du titane.

** **Zircon** : minéral contenant du zirconium. Il peut être transparent comme du diamant. Sous les rayons UV, il présente des reflets dorés.

On se sert du magnésium dans les mélanges pyrotechniques pour les feux d'artifice.

Feux d'artifice

Le brome par exemple est utilisé comme produit retardateur de flammes dans les extincteurs

LA MER, SOURCE DE NOURRITURE

LE THON EST UN POISSON MIGRATEUR.
IL A L'AIR DÉLICIEUX. JE LE MANGE CRU OU GRILLÉ ?

COMME LE THON, LE MARLIN ET LE REQUIN SE DÉPLACENT BEAUCOUP POUR TROUVER LEUR NOURRITURE ET UN ABRI POUR SE REPRODUIRE.

Les poissons migrateurs ont un dos large et un ventre étroit qui font d'eux des nageurs rapides.
Requin

Au contraire, les poissons vivant au milieu des rochers sont minces pour pouvoir se faufiler dans les creux.
Poisson-papillon

Les poissons qui vivent sur le fond de la mer, tels que le flet ou la raie, sont plats et larges afin de mieux supporter la pression de l'eau.
Raie

TOUS LES POISSONS S'ADAPTENT À LEUR ENVIRONNEMENT. LES MÉTHODES DE PÊCHE SONT DONC DIFFÉRENTES SELON LES ESPÈCES.

Les méthodes de pêche

Elles varient selon les poissons. On pêche à la ligne la sole et le flet. On fait de l'élevage de carpes et de dorades japonaises. On pêche le maquereau et le colin au filet, et le poisson sabre et le calamar à la lumière. On peut changer de technique selon les besoins.

Pêche à la ligne

Élevage

Pêche au filet

Pêche à la lumière

La pêche au filet

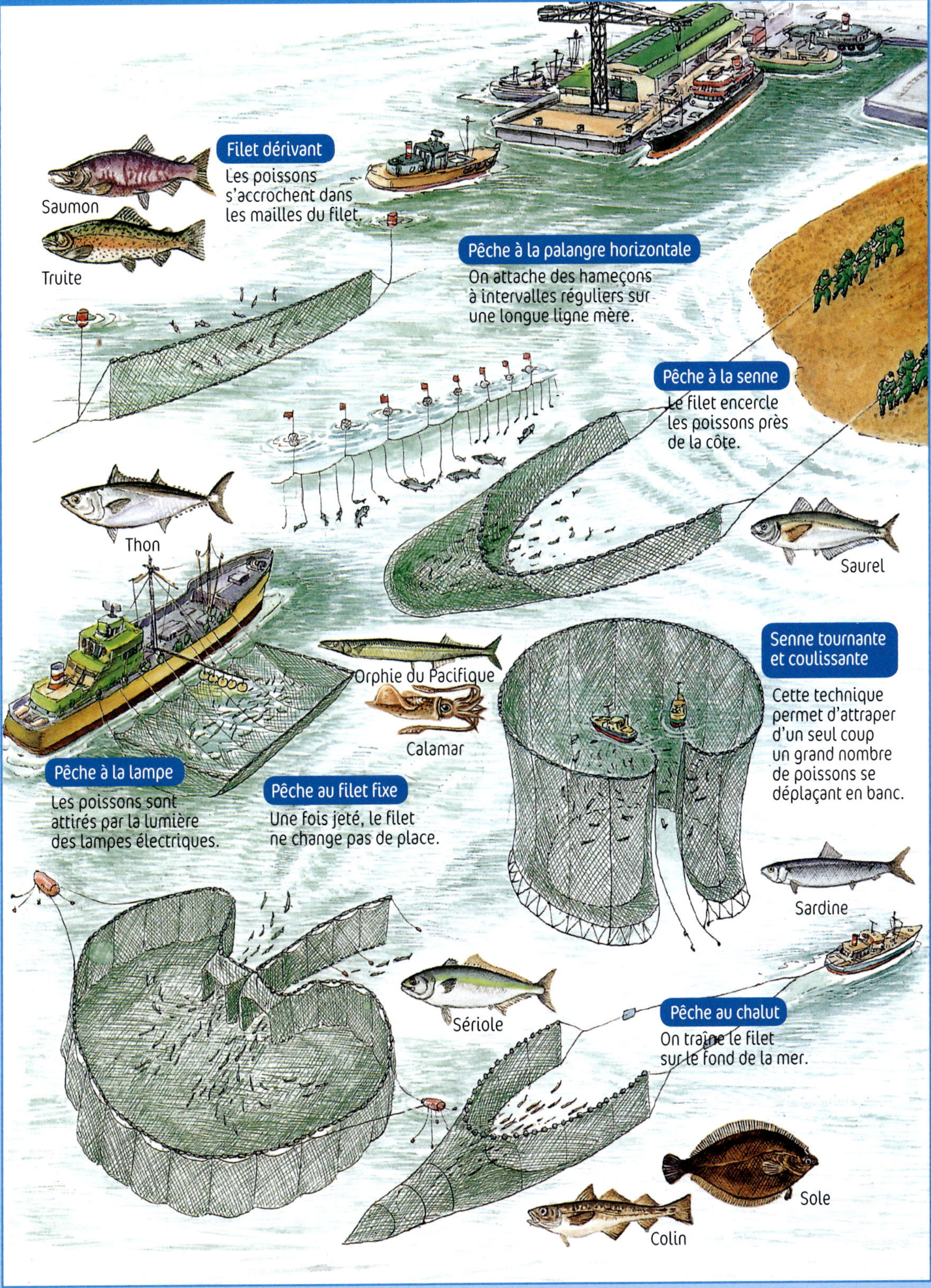

AQUACULTURE ET FERMES AQUACOLES

Un banc de saumons qui remonte la rivière.

Des saumons arrivent dans la rivière pour y déposer leurs œufs.

* **Collecteurs :** supports sur lesquels se fixent les larves des huîtres.

Ferme aquacole

* **Système acoustique d'alimentation :** il émet un son en même temps que l'on donne la nourriture aux poissons. Par réflexe, les poissons viennent manger dès qu'ils l'entendent.

DANS UNE FERME AQUACOLE, IL EST POSSIBLE D'ÉLEVER DES POISSONS DE DIFFÉRENTES ESPÈCES.
DES POISSONS D'EAUX FROIDES AUSSI BIEN QUE DES POISSONS D'EAUX TROPICALES.
COMMENT FAIT-ON ?
On réchauffe l'eau pour les poissons tropicaux.
Et on la refroidit pour les autres.
UN ROBOT EFFECTUE LES TRAVAUX DANGEREUX À LA PLACE DES HOMMES.
UN SUBMERSIBLE SURVEILLE LE FOND MARIN.
LE PLUS REMARQUABLE DE TOUT CET ÉQUIPEMENT, C'EST LE RÉCIF ARTIFICIEL.

Qu'est-ce qu'un récif artificiel ?

C'est une structure artificielle installée sous la mer pour abriter les poissons d'élevage et autres espèces aquatiques. Le plancton – la nourriture des poissons – colonise ce récif et les poissons y viennent pour s'abriter et pondre leurs œufs.

Un récif artificiel servant d'habitat aux coquillages et aux algues.

Un récif artificiel en roue dentelée.

|Photo by MIFAFF_Korea

Exemple de récif en coquilles d'huîtres.

|Photo by MIFAFF_Korea

Récif créé à partir d'un wagon de chemin de fer*.

* Modèle expérimental.

LES DIFFÉRENTES ESPÈCES MARITIMES

La chaîne alimentaire marine

Les gros poissons ne mangent pas directement du phytoplancton. Ils dévorent les poissons plus petits qui se nourrissent de zooplancton, qui lui-même se nourrit de phytoplancton. On appelle ce cycle, la chaîne alimentaire, laquelle, en réalité, prend souvent la forme d'un réseau complexe.

Grand requin blanc
Il mange des poissons, des dauphins et même des otaries.

Dauphin
Il se nourrit de poissons vivant dans les fonds marins.

Cabillaud (ou morue)
Il mange des petits poissons et des mollusques.

Hareng
Il se repaît de crevettes, de crabes et de zooplancton.

Zooplancton
Il se nourrit de phytoplancton et de bactéries.

Phytoplancton
Il s'alimente grâce à la photosynthèse.

Requin-pèlerin

Le requin-pèlerin, le requin-baleine et la raie consomment directement du zooplancton. Ils ouvrent grand leur gueule et avalent d'énormes quantités d'eau contenant du plancton.

Tortue marine
Crocodile marin
Cobra de mer ou tricot rayé dans les Dom-Tom.

Les mammifères marins

Lion de mer

La femelle mesure 2,3 mètres et le mâle 3,5 mètres.

Le phoque rubané mesure de 1,6 à 1,8 mètre.

Le phoque mesure de 1,3 à 2,5 mètres.

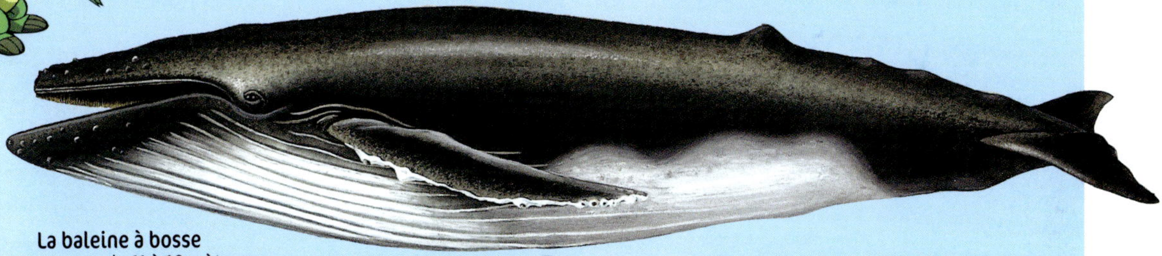

La baleine à bosse mesure de 11 à 16 mètres.

Le grand cachalot mesure de 11 à 18 mètres.

Les différentes espèces d'algues

Les algues vertes poussent dans les eaux peu profondes qui reçoivent la lumière solaire. Puis viennent les algues brunes et, en dernier, les algues rouges.

Les algues vertes

Codium fragile

Ulva pertusa

Enteromorpha linza

Nostoc commun (ou crachat de lune)

Les algues brunes

Wakame

Colpomenia sinuosa

Padina arborescens

Carpopeltis affinis

Les algues rouges

Nori

Grateloupia filicina

Gracilaria verrucosa

Delesseria sanguinea

* **Wakame :** algue couramment utilisée dans la cuisine japonaise.

SAVOIR UTILISER LA MER AVEC SAGESSE

Générateur d'électricité utilisant la force des vagues.

Usine marémotrice de la Rance.

* **Marémotrice :** énergie issue des mouvements de l'eau créés par les marées.

Des villes sur la mer

Plusieurs villes ont déjà été construites sur la mer : Palm Jumeirah à Dubai, Odaiba au Japon.

Palm Jumeirah
C'est la plus petite des Palm Islands de Dubai, îles artificielles en forme de palmier. Les deux autres s'appellent Palm Jebel Ali et Palm Deira.

Les villes sous-marines

Des projets de villes sous-marines sont à l'étude dans plusieurs pays, tels que le Japon, les États-Unis, le Royaume-Uni, l'Allemagne et la Russie. L'océanographe Jacques Cousteau a conduit plusieurs expériences de "maison sous la mer" et prouvé qu'il était possible de vivre pendant un mois à 100 mètres de fond.

LA MER EST MALADE

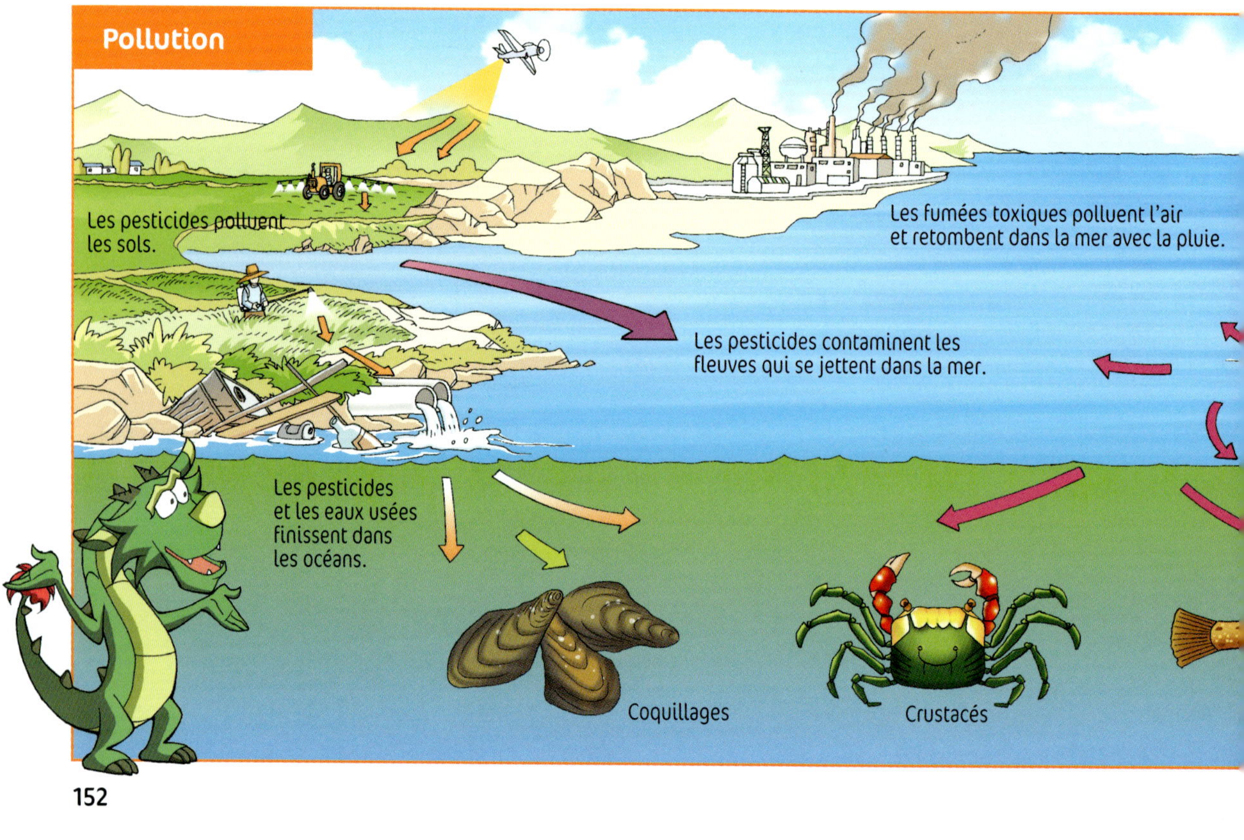

IL VEUT DIRE QUE LA MER EST EN TRAIN DE MOURIR.
Poissons morts dans une mer polluée

LES SUBSTANCES TOXIQUES QUI SOUILLENT LA MER...
... S'ACCUMULENT DANS L'ORGANISME DES POISSONS QUE CONSOMMENT LES HOMMES.
DONC, LES HOMMES AUSSI VONT TOMBER MALADES ?

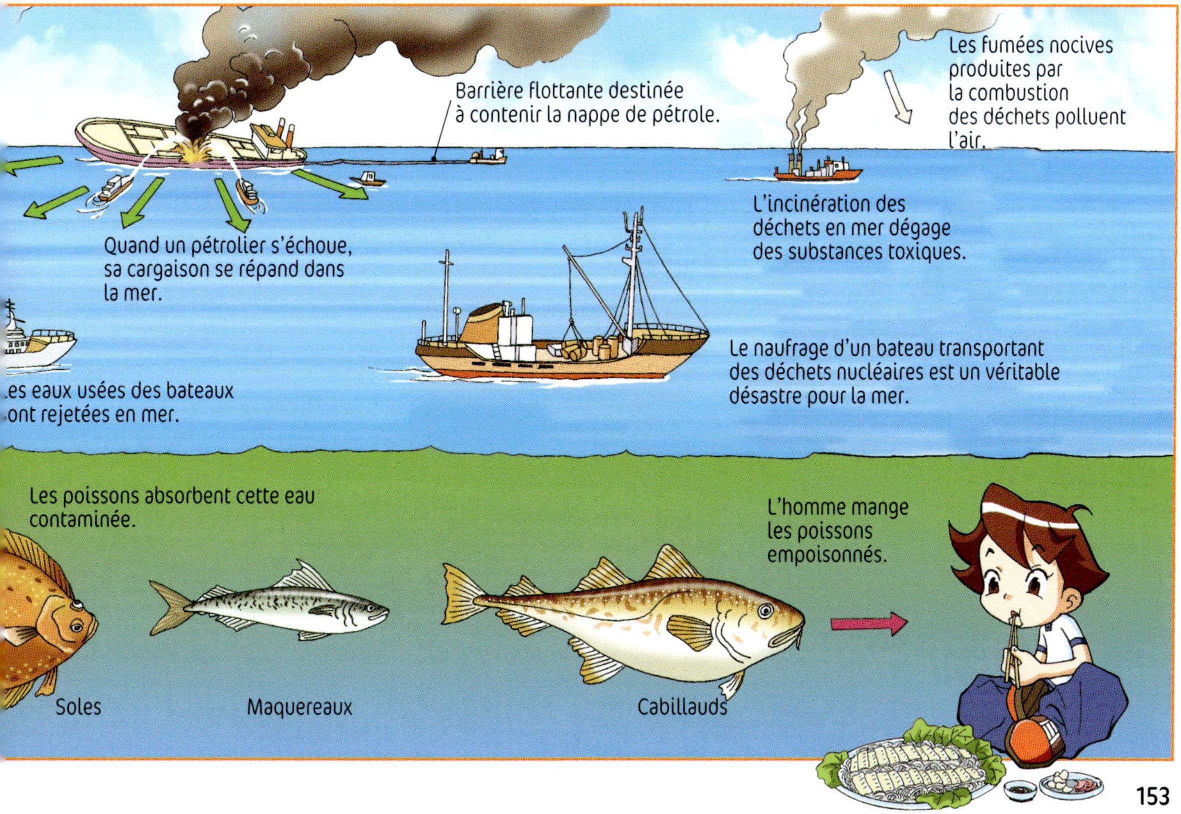
Barrière flottante destinée à contenir la nappe de pétrole.
Les fumées nocives produites par la combustion des déchets polluent l'air.
Quand un pétrolier s'échoue, sa cargaison se répand dans la mer.
L'incinération des déchets en mer dégage des substances toxiques.
Le naufrage d'un bateau transportant des déchets nucléaires est un véritable désastre pour la mer.
.es eaux usées des bateaux
.ont rejetées en mer.
Les poissons absorbent cette eau contaminée.
L'homme mange les poissons empoisonnés.
Soles
Maquereaux
Cabillauds

* **Acidification :** l'eau acidifiée dissout certains organismes marins, tels que les coraux, ce qui met en danger la vie aquatique.

LONGUE VIE À LA MER !

Le Triangle des Bermudes

Il s'agit d'une zone triangulaire dans l'océan Atlantique, délimitée par l'archipel des Bermudes, l'extrémité de la Floride et l'île de Porto Rico.

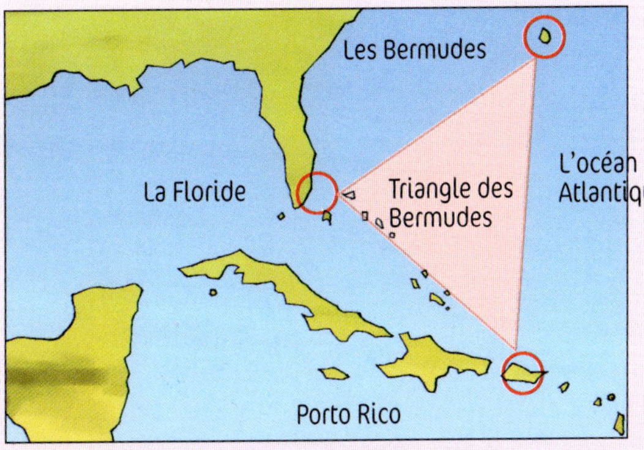

Parmi les nombreuses disparitions rapportées, on compte celles du cargo japonais *Raifuku Maru* en avril 1925, de cinq avions torpilleurs américains en décembre 1945 et d'un avion britannique avec vingt-six passagers à bord en janvier 1948.

N.B. : on sait aujourd'hui que le triangle des Bermudes est bien une légende. Pour preuve, les compagnies d'assurances des navires n'en tiennent pas comptes.

C'EST UN TOURBILLON GÉANT ! AU SECOURS !
HOUHOUHOU
ARRGGHH ! JE SUIS ASPIRÉ DANS LES AIRS !
LA SITUATION EST GRAVE.
À L'AIDE, SUPERDRAGON !
VITE, ACCROCHEZ-VOUS À MOI !
CRAC
OÙ SOMMES-NOUS ?
ÇA VA, LES ENFANTS ? OH NON, LE PAUVRE DRAGON !
OUI, OUI, ÇA VA...

JE T'EN PRIE, RÉVEILLE-TOI !
AÏE !
C'EST LA DEUXIÈME FOIS QUE TU NOUS SAUVES LA VIE.
JE TE REMERCIE INFINIMENT.
VOTRE *DAUPHIN* EST HORS D'USAGE. QU'ALLEZ-VOUS FAIRE ?
GRÂCE À TOI, NOUS SOMMES SAINS ET SAUFS.
VOULEZ-VOUS QUE JE VOUS AIDE À RENTRER CHEZ VOUS ?
TU POURRAIS ?
JE TE RAPPELLE QUE JE SUIS SUPERDRAGON ET QUE JE POSSÈDE DES POUVOIRS SURNATURELS.
JE VAIS VOUS OFFRIR UN CADEAU INOUBLIABLE.
J'INSPIRE UN GRAND COUP... JE SOUFFLE PAR LES NARINES...
POUF
ET VOICI LE *DAUPHIN II* !
WAOUH !
SUPER !

JE NE T'OUBLIERAI JAMAIS, MON PETIT DRAGON DE MER ADORÉ.
C'ÉTAIT UN PLAISIR !
J'ESPÈRE DE TOUT CŒUR QUE TU RÉUSSIRAS TON EXAMEN.
AU REVOIR, LES ENFANTS !
SALUT !
TU DOIS ÊTRE DÉÇU DE NE PAS AVOIR TROUVÉ DE TRÉSOR, ENZO ?
PAS DU TOUT ! JE SAIS MAINTENANT QUE C'EST LA MER QUI EST PRÉCIEUSE.
TU AS DRÔLEMENT CHANGÉ, POUR QUELQU'UN QUI NE S'INTÉRESSAIT QU'AUX ÉPAVES !
TU TE MOQUES ENCORE DE MOI ?
À PARTIR DE MAINTENANT, JE VAIS PROTÉGER LA MER ET SES TRÉSORS.
ELLE EST LE BERCEAU DE TOUTE VIE.
VIVE LA MER !
Ô MER ADMIRABLE ! TU ES L'AVENIR DES HOMMES !
ET TOI, JEUNE LECTEUR, N'OUBLIE PAS QUE CE TRÉSOR T'APPARTIENT.

Déjà parus :

Le corps humain

Les dinosaures

Les animaux

L'univers

L'écologie

Dépôt légal : avril 2010
Achevé d'imprimer en mars 2010

Imprimé en Chine sur les presses de C&C offset Printing